**Knaur.**

*Über die Autorin:*
Tatjana Strobel ist gelernte Sozialpädagogin, arbeitete aber nach ihrem Studium zunächst als Verkaufsleiterin in der Parfüm- und Kosmetikbranche. Bereits in dieser Zeit eignete sie sich Wissen zur Physiognomik an. 2008 machte sie sich mit ihrer eigenen Coaching-Firma selbständig. Seitdem gibt sie Seminare, hält Vorträge zum Thema Physiognomik und wird darüber hinaus von den Medien als Physiognomik-Expertin zur Deutung bekannter Persönlichkeiten zu Rate gezogen. Tatjana Strobel lebt in Zürich.
Mehr Informationen zur Autorin und zum Buch finden Sie unter www.ts-headworks.com und www.ichweisswerdubist.com

Tatjana Strobel

# Ich weiß, wer du bist

Das Geheimnis,
Gesichter zu lesen

Knaur Taschenbuch Verlag

Besuchen Sie uns im Internet:
www.knaur.de

Originalausgabe April 2011
Copyright © 2011 by Knaur Taschenbuch.
Ein Unternehmen der Droemerschen Verlagsanstalt
Th. Knaur Nachf. GmbH & Co. KG, München
Alle Rechte vorbehalten. Das Werk darf – auch teilweise –
nur mit Genehmigung des Verlags wiedergegeben werden.
Redaktion: Judith Mark
Umschlaggestaltung: ZERO Werbeagentur, München
Umschlagabbildung: FinePic®, München
Fotos: Seite 18 o. picture alliance/dpa/CHROMORANGE/P. Widmann;
u. li., u. re. Corbis; alle weiteren Fotos: Dennis Savini
Satz: Daniela Schulz, Stockdorf
Druck und Bindung: GGP Media GmbH, Pößneck
Printed in Germany
ISBN 978-3-426-78409-9

5 4 3 2 1

# INHALT

**Einleitung**
Eines Tages in Zürich: Meine erste Begegnung mit
dem Geheimnis des Gesichterlesens – und warum ich
es nun Ihnen verrate. . . . . . . . . . . . . . . . . . . . . . . .   7

**Kapitel 1**
Mit offenen Augen durchs Leben gehen. . . . . . . . . . . . . .   13
    Eine alte Kunst, unvermindert aktuell  . . . . . . . . . .   13
    Intuition: Navigationssystem mit Tücken. . . . . . . . .   16
    Stimmt Ihr erster Eindruck? Wie die Physiognomik
    Ihre Intuition unterstützt . . . . . . . . . . . . . . . . . . .   25

**Kapitel 2**
Unser Gesicht verrät, wer wir sind:
die Basics des Gesichterlesens. . . . . . . . . . . . . . . . . . .   31
    Physiognomische Merkmale  . . . . . . . . . . . . . . . .   31
    Mehr als nur ein Blick in den Spiegel:
    Wissen Sie, wer Sie sind? . . . . . . . . . . . . . . . . . .105
    Kleine Tricks, große Wirkung: Wie Sie
    Ihr Gesicht optisch am besten in Szene setzen  . . . . . .110

**Kapitel 3**
Unser Gesicht spiegelt, wie wir leben:
die Geheimtipps des Gesichterlesens . . . . . . . . . . . . . . .119
    Zwei Gesichtshälften – zwei Gesichter?. . . . . . . . . .119
    Grübchen & Co. . . . . . . . . . . . . . . . . . . . .   123
    Welcher Typ sind Sie?. . . . . . . . . . . . . . . . . . .129

**Kapitel 4**

Leichter leben: Das Geheimnis des Gesichterlesens
im beruflichen und privaten Alltag. . . . . . . . . . . . . . . . . 149

Physiognomik für Paare:
Bist du mein Typ, bin ich deiner? . . . . . . . . . . . . 150
Sind Sie beruflich in Ihrem Element?
Was Physiognomik mit dem richtigen Job zu tun hat . . 159
Botschaft angekommen?
Wie Physiognomik die Kommunikation erleichtert . . . 168

**Kapitel 5**

Jetzt sind Sie dran: Das Schnelllese-System für den Alltag . . . . 175

**Anhang**

Auflösungen zu den Übungen . . . . . . . . . . . . . . . 177
Auf einen Blick:
Liste der physiognomischen Merkmale . . . . . . . . . . 189
Dank . . . . . . . . . . . . . . . . . . . . . . . . . . . . . 202

Literatur . . . . . . . . . . . . . . . . . . . . . . . . . . . 204

# EINLEITUNG

EINES TAGES IN ZÜRICH: MEINE ERSTE BEGEGNUNG
MIT DEM GEHEIMNIS DES GESICHTERLESENS –
UND WARUM ICH ES NUN IHNEN VERRATE

»Sie sind nicht sehr ausdauernd, weil Sie sich schnell langweilen. Darum haben Sie es auch in keinem Ihrer bisherigen Jobs
besonders lang ausgehalten.«
Ich musste schlucken. Denn der Mann, der mir das auf den Kopf
zusagte, kannte mich gerade einmal fünf Minuten. Und obwohl
ich überrascht und auch ein bisschen empört war, musste ich
zugeben: Er hatte recht. Mein Berufsleben war erfüllend, aber
auch wildbewegt. Und wenn mich jemand nach dem roten Fa-
den darin gefragt hätte, wäre meine Antwort wohl gewesen: die
anhaltende Neugier auf andere Menschen.
Die Wurzeln dieser Neugierde liegen vermutlich in meiner
Kindheit. Ich habe einen Bruder, der drei Jahre jünger ist als ich
und mit einer Behinderung geboren wurde. Immer wieder verlor er das Bewusstsein, fiel in bedrohliche Schwächezustände,
die rasches Handeln erforderten – für meine Eltern, aber auch
für mich eine ziemliche Herausforderung. Als große Schwester,
die Bruder und Eltern gleichermaßen helfen wollte, lernte ich
früh, mich in andere hineinzuversetzen und möglichst rasch zu
erfassen, was sie brauchten. Und weil meine Eltern sich vornehmlich um meinen Bruder kümmern mussten, wurde ich
früh selbständig. Autonomie und Verantwortung schreckten
mich nicht, was sich später als sehr nützlich erweisen sollte.
Nach der Schule machte ich zunächst eine Ausbildung zur Er-

zieherin und studierte dann Sozialpädagogik. Nebenher jobbte ich in der Gastronomie und machte Werbung. Und immer beobachtete ich die Menschen, mit denen ich zu tun hatte, versuchte herauszufinden, was sie umtrieb. Das Verkaufen lag mir, und nach dem Studium arbeitete ich in der Friseur- und Kosmetikbranche, wo ich für Kundenakquise und -betreuung zuständig war. Meine Arbeitgeber waren etwa die Wella AG, The Body Shop oder auch Christian Dior Deutschland.

Ich mochte diese Arbeit. Es machte mir Spaß, neue Vertriebskonzepte zu entwerfen, neue Kunden zu gewinnen und anderen dabei zu helfen, besser auf die Bedürfnisse ihrer Kunden einzugehen. Was nicht immer einfach ist: Ich erinnere mich an eine Kundin, die mich bei meinen regelmäßigen Besuchen entweder überschwenglich herzlich oder aber kalt-distanziert begrüßte. Woran ich bei ihr war, wusste ich nie so genau. Und auf ihre gelegentlichen gefühlsgeladenen Ausbrüche reagierte ich meinerseits emotional. Nur gut, dass solche Kunden eher die Ausnahme waren.

Dennoch, oder gerade weil mich die »schwierigen« Menschen besonders forderten, war ich ständig auf der Suche nach Möglichkeiten, andere besser und genauer kennenzulernen.

So erlernte ich das »Neurolinguistische Programmieren« (NLP), eine Methode, die sich mit der subjektiven Wahrnehmung und den Überzeugungen jedes Einzelnen befasst. Diese Technik wendet man an, um besser zu kommunizieren und sich auf andere einzustellen. Ich eignete mir Präsentationstechniken an und machte mich auf den Gebieten der Rhetorik und Psychologie kundig. Was ich lernte, gab ich an andere weiter, schulte das Verkaufspersonal und wurde schließlich Verkaufsleiterin am Schweizer Sitz von Marionnaud, einer international tätigen französischen Parfümeriekette.

Ich hatte Karriere gemacht und einen erfüllenden Job, in dem ich meine Umsatzziele problemlos erreichte und mit motivierten und erfolgreichen Mitarbeitern zusammenarbeitete. Ganz zufrieden war ich dennoch nicht. Denn die Techniken, die ich zum Umgang mit Menschen kannte, brauchten viel Zeit, in der ich meine Geschäftspartner zunächst beobachtete, genau studierte und dann erst reagieren konnte.

Das war in etwa meine Seelenlage, als ich das eingangs erwähnte Erlebnis hatte. Der Mann, der mich mit seiner so präzisen Blitz-Einschätzung überrumpelte, wurde als »Gesichtsleser« vorgestellt. Er sollte das Highlight einer Abendveranstaltung sein, die die Christian Dior AG regelmäßig für ihre Kooperationspartner veranstaltete, zu denen auch mein Arbeitgeber gehörte. Ich erinnere mich noch, dass meine Neugier sich, ausnahmsweise einmal, in Grenzen hielt. Gesichter lesen: Das ließ mich an Wahrsagerei denken und klang wenig vertrauenerweckend. Und dafür, dass er das Highlight des Abends sein sollte, war mir der Mann entschieden zu unauffällig.

Es waren einige Mitarbeiter, die mich überredeten, mich auf den Spaß einzulassen. Ich willigte schließlich ein, unter der Bedingung, dass das Ganze noch rasch vor dem Essen abgehakt würde und damit dann erledigt wäre.

Ein bisschen von dem, was der so unscheinbare Mann aus meinem Gesicht las, haben Sie nun schon erfahren. Er wusste, ohne dass ich oder einer meiner Kollegen es ihm gesagt hätte, dass ich an leitender Stelle tätig war. Er wusste, dass ich mich manchmal fragte, ob ich im Umgang mit meinen Mitarbeitern zu weich oder zu nachlässig war. Und als er auf Liebe, Erotik und Leidenschaft zu sprechen kam, wurde ich rot.

Meinen Kollegen erging es ähnlich. Und der Mann, den wir eigentlich nur schnell vor dem Essen abhaken wollten, war mit seinen Analysen an diesem Abend unser Gesprächsthema Nummer eins. Nachdem ich meine erste Überraschung überwunden hatte, wollte ich Genaueres von ihm wissen. Wie funktionierte das Gesichterlesen und wo konnte man es lernen? Vielleicht war das die Sache, nach der ich immer gesucht hatte? Ein Werkzeug, das es ermöglichte, bei anderen Menschen in kürzester Zeit wichtige Charakterzüge zu erkennen und darauf zu reagieren.

Noch am selben Abend meldete ich mich für einen Kurs an. Und dann ging alles eigentlich ganz schnell: Ich beschloss, mich in Physiognomik, der Kunst des Gesichterlesens, ausbilden zu lassen, absolvierte verschiedene Lehrgänge und reiste nach Indien und Sri Lanka, um die Grundlagen dieser Kunst kennenzulernen. Die ersten Objekte meiner neu erworbenen Kenntnisse waren Freunde und Bekannte. Menschen also, die ich gut zu kennen glaubte und die mich dennoch immer wieder überraschten mit Dingen, die doch, so glaubte ich, gar nicht zu ihnen passten. Jetzt fand ich heraus, dass diese scheinbaren Widersprüchlichkeiten meinen Freunden an Augen, Nase, Ohren und Mund abzulesen waren.

Wenige Monate später kündigte ich meinen Job und machte mich selbständig. Seither »lese« und berate ich Menschen in Einzelsitzungen oder Seminaren, unterstütze Unternehmen, halte Vorträge und gebe das, was ich weiß, als Ausbilderin an andere weiter – nicht nur in Sachen Physiognomik, sondern auch in den Bereichen Körpersprache und Rhetorik. Eine Aufgabe, die so vielfältig ist, dass ich gar nicht mehr auf die Idee komme, mich zu langweilen.

Mein Leben ist seitdem sehr viel einfacher geworden, die Beziehungen zu anderen Menschen tiefer, meine Intuition noch ausgeprägter. Denn jetzt kann ich das, was man als »Bauchgefühl« bezeichnet, mit Hilfe der Physiognomik auf den Prüfstand stellen. Inzwischen habe ich mein eigenes System entwickelt, das ich Ihnen in den folgenden Kapiteln gern vorstellen möchte.

Das Geheimnis des Gesichterlesens soll keines bleiben, denn es macht uns um so vieles reicher. Der geschulte Blick in das Gesicht eines anderen Menschen zeigt uns dessen Einzigartigkeit, seine ganz besondere Kombination bestimmter Merkmale. Wenn Sie sich auf die Physiognomik einlassen, wird sie Ihr Menschenbild verändern: Es wird Ihnen nicht mehr in den Sinn kommen, andere Menschen in Schubladen einzuordnen, die, wenn wir ehrlich sind, doch meist mit Schwächen überschrieben sind. Mit etwas Übung in Sachen Physiognomik haben Sie ganz unmittelbar die Stärken vor Augen, die anderen ins Gesicht geschrieben sind. Und auch Ihre eigenen Stärken sollten Sie nicht außer Acht lassen. Immer wieder erlebe ich etwa, dass Menschen, die dem Typus nach »Emotionale« sind, ihre besondere Sensitivität abwerten. Dabei sind ein emotionales Sensorium und die Fähigkeit, gefühlsmäßig »mitzugehen«, ein großes Vermögen, von dem so mancher »Rationale« gern mehr hätte.

Mit Hilfe der Physiognomik werden Sie sich selbst und andere besser verstehen und einschätzen können und seltener unangenehme Überraschungen erleben, was Ihr eigenes Verhalten, aber auch das der anderen angeht. Sie werden Missverständnisse besser vermeiden und Konflikte wertschätzender austragen können. In Verhandlungssituationen werden Sie sicherer auftreten. Und schließlich werden Sie besser wissen, wen Sie näher kennenlernen möchten und warum.

Für den Einstieg in die Physiognomik brauchen Sie erst einmal nur einen Handspiegel. Nach und nach werden Sie dann die wichtigsten der insgesamt 330 Merkmale kennenlernen, nach denen man jeden Menschen individuell physiognomisch analysieren kann. Sie werden erfahren, welche Konstitutionstypen es gibt und warum es so wertvoll ist, zu wissen, ob man es mit einem »Macher« einem »Emotionalen«, einem »Rationalen« oder einem »Pionier« zu tun hat.

Noch einmal: Es ist wichtig, dass Sie die Physiognomik als Mittel verstehen, Ihren eigenen Stärken und denen der anderen näherzukommen. Daher werde ich mich bei der Erklärung der physiognomischen Merkmale vor allem auf sie konzentrieren. Unsere Schwächen und die der anderen kennen wir ja meist ganz genau, so dass wir dabei oft übersehen, was uns eigentlich auszeichnet. Bitte betrachten Sie die Menschen von nun an mit »liebenden Augen«.

Nicht verschwiegen werden soll an dieser Stelle, dass es Übung braucht, um die Physiognomik sicher anzuwenden. Nicht alles werden Sie im Gesicht der anderen gleich sehen und anfangs mit Ihren Analysen auch noch nicht ganz treffsicher sein. Geben Sie sich also Zeit und bleiben Sie dran. Immerhin haben Sie Ihren Lernstoff täglich um sich, denn wer von uns lebt schon als Einsiedler?

Und noch ein Tipp: Beherzigen Sie die »72-Stunden-Regel«, die besagt, dass wir alles neu Gelernte innerhalb von 72 Stunden praktisch anwenden sollten, um es in unserem Gehirn dauerhaft zu verankern. Versuchen Sie sich also ruhig schon von Kapitel 2 dieses Buches an im Gesichterlesen. Tun Sie es spielerisch und ohne Leistungsdruck, im Büro, in der Straßenbahn oder wo immer Sie wollen.

Auf die nächsten 72 Stunden also! Ich wünsche Ihnen, dass das überlieferte Wissen der Physiognomik Ihr Leben bereichern wird.

Viel Spaß und Erfolg!

Ihre Tatjana Strobel

# KAPITEL 1

## MIT OFFENEN AUGEN DURCHS LEBEN GEHEN

## Eine alte Kunst, unvermindert aktuell

Als ich zum ersten Mal »meinem« Gesichtsleser gegenübersaß, hatte ich keine Ahnung, dass die Kunst des Gesichterlesens uralt ist. Tatsächlich gibt es die Physiognomik (von griechisch »physis« = Körper; »gnomikos« = zur Beurteilung fähig) schon seit dem 5. Jahrhundert v. Chr. Zu Zeiten von Galen und Hippokrates war sie ein Teil der Medizin. Man achtete auf die Gesichtsfarbe und Hautbeschaffenheit eines Menschen und versuchte, aus seinen Gesichtszügen wie auch aus seiner Gestalt Rückschlüsse auf den Gesundheitszustand zu ziehen. In Schriften, die Aristoteles zugeschrieben werden, finden sich Zuordnungen bestimmter Merkmale in Körperfarbe, Behaarung, Haltung und Bewegung zu bestimmten Charakteren: Krauses Haupthaar etwa, wie beim Löwen, lasse auf besonderen Mut schließen.

Ihre Wurzeln hat die über 2000 Jahre alte Lehre der Physiognomik in der traditionellen indischen Heilkunst, dem Ayurveda, ebenso wie in der Traditionellen Chinesischen Medizin und im alten Ägypten. Im Ayurveda etwa wird von bestimmten äußeren Merkmalen die Zuordnung eines Menschen zu einem bestimmten Konstitutionstyp vorgenommen. Für die unterschiedlichen Typen gibt es dann unterschiedliche Empfehlungen, beispielsweise in Bezug auf Ernährung und Bewegung.

Ursprünglich war die Physiognomik also Pathophysiognomik, eine Krankheitslehre. Den unterschiedlichen Gesundheitslehren, in die sie eingebettet war, ist die Ausbildung von Typologien gemeinsam, die sich über die Jahrhunderte erhalten und weiterentwickelt haben.

In der Renaissance wurde die Physiognomik in Verbindung gebracht mit der Lehre von den vier Körpersäften, die Charakter und Temperament des Menschen mitbestimmen. Im 18. Jahrhundert hatte der Schweizer Pastor Johann Caspar Lavater großen Erfolg mit seinen »Physiognomischen Fragmenten«. Lavater verstand die verschiedenen Physiognomien als »Buchstaben des göttlichen Alphabets«.

Im 19. Jahrhundert wurde die ursprünglich auf Heilung hin ausgerichtete Lehre der Physiognomik zu rassistischen Zwecken missbraucht: Man vermaß etwa bestimmte Gesichtsmerkmale und leitete daraus die angebliche Überlegenheit bestimmter Menschenformen ab.

Um die Wende zum 20. Jahrhundert wurde Carl Huter zum Begründer der Psycho-Physiognomik. Sie hat weniger einen medizinischen Anspruch als vielmehr den, das Gegenüber aus Körperbau, Gesichtsausdruck und Gestik möglichst ganzheitlich zu erfassen. Ziel ist dabei eine sensible Betrachtung und Einfühlung in den anderen Menschen. Huters System wird heute von Wilma Castrian weiterentwickelt, erforscht und gelehrt. Der Schweizer Naturarzt Natale Ferronato hat nach langjähriger Beschäftigung mit Huters Lehre ein Anamnese-System entwickelt, das sich ausschließlich auf die Gesichtsregion bezieht. Auch der Menschenkenntnis-Experte Bernhard P. Wirth, mein Lehrer nicht nur in Sachen Gesichterlesen, hat sich eingehend mit Huters Psycho-Physiognomik befasst.

In diesem Buch wird Physiognomik nicht als Krankheitslehre verstanden. Die Kunst des Gesichterlesens ist für mich eines von mehreren Mitteln zum Erwerb von Menschenkenntnis. Das schließt nicht aus, dass ich in späteren Kapiteln gelegentlich auf einschlägige medizinische Deutungen bestimmter Merkmale zu sprechen kommen werde. Denn auch heute noch gibt es die patho-physiognomische Interpretation bestimmter Gesichtsmerkmale, repräsentiert doch unser Gesicht den Zustand unseres gesamten Körpers und der inneren Organe. So steht etwa der Bereich um die Nase herum für die Atmungsorgane insgesamt; Rötungen im Bereich der Nasenlöcher etwa können auf eine Entzündung der Atemwege hinweisen. Spannungen und Verfärbungen im Bereich der Unterlippe werden pathophysiognomisch als Hinweis auf eine Beeinträchtigung des Magen-Darm-Traktes gedeutet.

Als ich vor einigen Jahren in Sri Lanka eine Ayurveda-Kur machte, wurde mein Gesicht von vier ayurvedischen Ärzten pathophysiognomisch gedeutet. Es war ein seltsames Gefühl, von vier Augenpaaren so genau gemustert zu werden. Nach einigen Minuten berieten die Ärzte sich in ihrer Sprache und eröffneten mir dann, dass ich ruhelos sei und zu wenig zur Entspannung käme – das war mir bewusst – und dass es Beeinträchtigungen im Bereich des Dickdarms gebe. Davon wiederum hatte ich bisher nichts gemerkt. Zurück in der Schweiz, ließ ich diese Diagnose schulmedizinisch überprüfen, und siehe da: Sie stimmte.

»Gelesen« werden Gesichter übrigens erst ab einem Alter von 21 Jahren. Erst dann kann man davon ausgehen, dass ein Gesicht seine Grundzüge entwickelt hat, vorher ist zu vieles noch in Bewegung. Natürlich entwickelt unser Gesicht sich aber auch im Erwachsenenalter noch weiter: Nase und Ohren etwa wachsen, wenn auch (glücklicherweise!) nur minimal, lebenslang weiter. Wenn Sie möchten, nehmen Sie doch einmal alte Fotos zur Hand und versuchen Sie herauszufinden, was in Ihrem Gesicht gleich geblieben ist und was sich verändert hat. Am Schluss des Buches werden Sie dann auch wissen, wofür die betreffenden Merkmale stehen.

# Intuition: Navigationssystem mit Tücken

Der Mann einer meiner Kundinnen ist beruflich oft unterwegs. Eines Nachts, als er wieder einmal auf Geschäftsreise war, wachte meine Kundin auf, mit dem spontanen Impuls, die Bettseite zu wechseln. Ganz gegen ihre sonstige Gewohnheit legte sie sich in das kalte Bett ihres Mannes. Sie war noch nicht wieder eingeschlafen, als der Schlafzimmerleuchter von der Decke auf ihre Seite des Bettes fiel.

Fast jeder von uns hat etwas Ähnliches schon einmal selbst erlebt oder zumindest von Bekannten erzählt bekommen. Wenn ich in meinen Seminaren die Teilnehmer frage, welche Erfahrungen dieser Art sie schon gemacht haben, bekomme ich mitunter Geschichten zu hören, von denen man regelrecht eine Gänsehaut bekommt. Was ist dieser berühmte »sechste Sinn«, die Intuition, die uns Dinge wahrnehmen lässt, die wir eigentlich nicht wissen können?

Jürgen Wunderlich, Autor des Buches »Intuition – die unbewusste Intelligenz«, hat es einmal sehr schön zusammengefasst: »Intuition ist eine Fähigkeit, die es erlaubt, innerhalb kürzester Zeit Situationen zu erfassen und dann in die richtige Richtung zu marschieren. Im Endeffekt ist sie im professionellen Umfeld das, was man landläufig als den richtigen Riecher bezeichnet oder auch als den Geistesblitz im rechten Moment.«

Intuition ist vorbewusstes Wissen, Wissen am Verstand vorbei, oder, bildhaft gesprochen: Intuition ist ein intelligenter Schwamm, der alles in Ihrer Umgebung geradezu aufsaugt und gleichzeitig als Navigationssystem funktioniert.

Ein Navigationssystem? Wie das?

Unser Gehirn erhält über die Sinnesorgane Sekunde für Sekunde eine Vielzahl von Eindrücken. Nur einen sehr kleinen Teil dieser Eindrücke nehmen wir bewusst wahr. Hirnforscher schätzen, dass uns nur 0,1 Prozent dessen, was unser Gehirn tut, bewusst wird. Und was tut es? Es filtert die Flut von Sinneseindrücken und wählt aus, welche davon an das Bewusstsein weitergeleitet werden sollen.

Erinnern Sie sich einmal daran, wann Sie zuletzt in einer größeren Gruppe von Menschen, die sich unterhalten haben, Ihren Namen herausgehört haben, obwohl Sie gerade in einem spannenden Gespräch mit jemand anderem waren. Der unbewusst arbeitende Teil Ihres Gehirns hat trotz der vielfältigen Ablenkungen eine für Sie wichtige Information herausgefiltert und sie Ihnen übermittelt. Man spricht in diesem Zusammenhang auch vom »Cocktailparty-Effekt«.

Was glauben Sie: Wie viele Eindrücke – nennen wir sie »Bits«, Basiseinheiten der Information – kann unser bewusster Verstand pro Sekunde verarbeiten? Es sind 60 Bits. Pro Sekunde können wir also 60 Eindrücke bewusst wahrnehmen und verarbeiten.

Und unbewusst? Wissenschaftler haben versucht, auch hier eine Schätzung vorzunehmen. Die Zahlen, die dabei herauskommen, sind jedoch unvorstellbar groß, bedenkt man, dass allein die Augen pro Sekunde mindestens 10 Millionen Bits an das Gehirn schicken. Klar, dass hier eine Auswahl getroffen werden muss. Klar aber auch, dass diese vorbewusst stattfindende Auswahl unser Verhalten beeinflusst und steuert – völlig an unserem Verstand vorbei. Insofern werden wir durch unser intuitives Wissen ein Stück weit durchs Leben navigiert. Wäre es da nicht lohnend, sich einiges von dem, was das Gehirn so alles tut, ohne dass wir es merken, stärker ins Bewusstsein zu holen? Unsere Intuition, die uns im Leben immer mal wieder hilfreich zur Seite steht, würde damit noch geschärft. Wir könnten sie stärker nutzen und uns noch besser auf sie verlassen. Ich möchte mich darum auf den nächsten Seiten gemeinsam mit Ihnen auf eine Entdeckungsreise in Richtung Intuition begeben.

Sie fragen sich nun vielleicht, was denn eigentlich die Intuition mit der Physiognomik zu tun hat. Einiges – denn jeder von uns kann von Natur aus schon ein Stück weit Gesichter lesen – nur nicht bewusst, sondern vorbewusst, eben intuitiv.
Lassen Sie uns mit dem folgenden Bildertest noch etwas tiefer in das Thema Intuition einsteigen. Sie brauchen dazu nur Ihre Vorstellungskraft, einige Notizblätter und Stifte in drei verschiedenen Farben. Der Test ist ein bewährtes psychologisches Instrument, um die unbewussten Bedürfnisse erkennbar werden zu lassen. Er ist ohne Vorkenntnisse nicht manipulierbar.

Sie sehen hier drei Bilder mit unterschiedlichen Motiven.
Nehmen Sie sich nun fünf Minuten Zeit pro Bild und schreiben Sie in ganzen Sätzen eine Geschichte auf, die Ihnen zu diesen Bildern einfällt. Wie kam es zu der Momentaufnahme auf dem Bild? Welche Geschichte steckt dahinter? Was wird als Nächstes passieren?

Haben Sie Ihre Geschichten aufgeschrieben? Dann nehmen Sie Ihre Farbstifte zur Hand und schauen Sie sich Ihre Texte noch einmal genau an. Suchen Sie dabei nach drei Kategorien von Wörtern, die für die drei Kategorien von Bedürfnissen stehen, nämlich *Erfolg, Beziehung* und *Macht.*

Als Erstes schauen Sie Ihren Text nach typischen *erfolgsorientierten* Worten durch und markieren diese mit einer Ihrer drei Farben. Wörter, die für Erfolgsorientierung stehen, sind etwa: gut, besser, am besten, der Beste, schnell, effizient, effektiv, analytisch, systematisch, rapide, extrem, sehr gut, prima, lange, hervorragend, spitze, klasse ...

Typische Sätze wären: »Die Wissenschaftler arbeiten bis *tief* in die Nacht, um einen *wirksamen* und *gut* verträglichen Impfstoff gegen die Schweinegrippe zu entwickeln« (3 Erfolgspunkte).

»Kapitän Schneider hatte das *beste* Schiff der Welt und wollte dies *beweisen*, indem er *schneller* den Atlantik überquerte als *je* ein anderes Schiff vor ihm« (4 Erfolgspunkte).

Beim Erfolgsmotiv geht es darum, sich ein Ziel zu setzen, alles dafür zu tun, dieses Ziel zu erreichen, und sich zu freuen, wenn dies gelingt, aber auch, sich zu ärgern, wenn etwas Unvorhergesehenes geschieht, das das Erreichen des Ziels gefährdet. Beim Erfolgsmotiv ist es wichtig, sich den Zusammenhang genau anzusehen, in dem es steht.

Die zweite Kategorie von Bedürfnissen betrifft *Beziehung* und *Bindung.* Hier steht der enge und herzliche Kontakt zu anderen Menschen im Mittelpunkt. Typische Wörter sind: Liebe, Freunde, Freundschaft, Sehnsucht, Trennung, Gefühle, Trauer, Einsamkeit, verlassen, Freude, Spaß, Tod, Glück, alleine, Harmonie, Beziehung, Paar, Kuss, Umarmung ...

Typische »Beziehungssätze« wären: »Sie war so *glücklich* darüber, dass er seine Familie *verlassen* hatte und eine *gemeinsame Zukunft* mit ihr plante« (4 Beziehungspunkte).

»Als Wissenschaftlerin war sie *glücklich*, mit ihrem Impfstoff viele *Leben retten* zu können« (3 Beziehungspunkte).

Markieren Sie mit der zweiten Farbe Ihrer Wahl alle Wörter in Ihren Geschichten, die dieser Kategorie angehören.

Die dritte Bedürfnis-Kategorie ist mit *Macht* überschrieben. Macht zu haben heißt, Wirkung auf andere auszuüben, der Beste zu sein. Menschen mit einem ausgeprägten Bedürfnis nach Macht sind gern mit anderen zusammen, aber nicht, weil sie nach Harmonie und Bindung suchen, sondern weil sie etwas darstellen möchten.

Folgende Wörter stehen für Machtorientiertheit: Elite, berühmt, stark, akzeptiert, geachtet, überzeugend, eine Koryphäe, gebildet, Triumph, Einfluss, Wirkung, Erpressung, Spionage, Agent, reich ...

»Machtsätze« können so aussehen: »Ihre *Erpressung* zeigte *Wirkung*: Er verließ ihretwegen seine *einflussreiche* Frau. Welch ein *Triumph!*« (4 Machtpunkte).

»Er wusste ganz genau: Wenn es ihm *gelang*, einen Impfstoff gegen alle Arten von Krebs zu entwickeln, würden ihm alle *Wege* in der *Welt offenstehen*, man würde ihn *akzeptieren* und er würde zur medizinischen *Elite* gehören!« (5 Machtpunkte).

Dies sind die drei Bedürfnis-Kategorien in Kürze – es geht ja im Folgenden nur darum, einen ersten Blick auf das zu werfen, was Sie motiviert, und zu sehen, in welche Richtung Sie tendieren.

Haben Sie mit Ihrem dritten Farbstift alle Macht-Wörter in Ihren Texten markiert? Dann wird es jetzt spannend: Zählen Sie die jeweiligen Punkte zusammen. In welcher Kategorie haben Sie am meisten?

## Erfolgsorientiert:

Erfolgsorientierte Menschen lieben es, eine Sache um der Sache willen zu beherrschen. Sie mögen Berufe, die es ihnen ermöglichen, sich ihre Ziele selbst zu setzen. Sie hassen Instruktionen und Anweisungen, wollen möglichst alles aus eigener Kraft herausfinden. Mehr als alles andere benötigen sie ein schnelles Feedback über die von ihnen erbrachte Leistung.

Ein klassischer Erfolgstyp ist zum Beispiel der Unternehmensgründer:

Wer sein eigenes Geschäft besitzt, hat niemanden über sich, kann tun und lassen, was er will. Das Erreichte kann er in hohem Maße auf seine eigene Leistung zurückführen.

Mit dem Topmanagement in großen Unternehmen haben dagegen gerade Erfolgstypen so ihre Probleme: Weil sie am liebsten alles selbst machen, tun sie sich schwer damit, Arbeit an andere zu delegieren und Mitarbeiter zu motivieren.

## Beziehungsorientiert:

Für beziehungsorientierte Menschen steht der enge und herzliche Kontakt zu anderen im Mittelpunkt. Sie fühlen sich wohl, wenn sie anderen nahe sein können. Sie nehmen intensiv Augenkontakt mit Menschen auf, die sie mögen, leiden unter der Ablehnung anderer und gehen Erfahrungen von Zurückweisung lieber aus dem Weg. Große anonyme Menschenansammlungen sind für sie nicht besonders reizvoll. Bindungsorientierte Menschen blühen in 1:1-Interaktionen und in Kleingruppen auf, wo es auch wirklich zu einem zwischenmenschlichen Austausch kommt. Ein klassischer bindungsorientierter Beruf wäre zum Beispiel Therapeutin.

## Machtorientiert:

Macht zu haben heißt, Wirkung auf andere auszuüben. Wenn man der Beste sein will, um seine Mitmenschen zu beeindrucken, dann spiegelt dies kein Erfolgs-, sondern ein Machtmotiv. Kommt man gerne mit Menschen zusammen, um ihnen die eigene Ansicht zu vermitteln oder die Gruppe zu dominieren, dann drückt dies kein Bindungs-, sondern wiederum ein Machtmotiv aus. Macht ist jedoch nichts von vornherein Negatives: Auch Komiker etwa üben Macht aus, wenn sie uns zum Lachen bringen. Lehrer haben Macht, wenn sie ihren Schülern etwas beibringen.

Topmanager und Politiker sind meist hochgradig machtorientiert. Macht hat viel mit Status und Prestige zu tun.

Wie sieht's aus: Haben Sie sich wiedergefunden? Merken Sie sich Ihre Tendenz – später, wenn wir zu den physiognomischen Merkmalen kommen, können Sie im Spiegel nachsehen, ob sich Ihr zentrales Bedürfnis auch in Ihrem Gesicht widerspiegelt. An dieser Stelle ging es mir erst einmal darum, Ihnen zu zeigen, welche Bedürfnisse Sie und Ihre Intuition steuern, ohne dass Ihnen dies möglicherweise bewusst ist

Diesen Bildertest setze ich oft ein, wenn ich andere Menschen zu Menschenkennern ausbilde. In meinen Seminaren habe ich zu den drei Bildern schon die unterschiedlichsten Geschichten zu hören bekommen. Manche sind nur vier Sätze lang, andere füllen eine ganze Seite. Ich liebe diese Geschichten, nicht nur, weil sie so viel über einen Menschen aussagen. So interpretierte eine Teilnehmerin Bild 2 mit dem Satz: »Zwei Firmen aus verschiedenen Ländern fusionieren«, während ein Teilnehmer zu demselben Bild notierte: »Endlich hatte sie es geschafft: den Sprung in die oberste Liga der Herren.« Sicher haben Sie beide schon dem entsprechenden Motiv zugeordnet: Sie ist eher bindungs-, er eher erfolgsorientiert.

Meine Seminarteilnehmer sind immer sehr verblüfft darüber, wie viel die Worte, die sie wählen, mit ihren innersten Werten zu tun haben. Es lohnt sich also, genau hinzuhören, wenn andere sprechen.

Wenn auch Sie zum Menschenkenner werden möchten, habe ich hier noch einen Tipp für Sie: Sie können aus der Wortwahl Ihres Gegenübers auch erkennen, welchen Sinneskanal er oder sie bevorzugt. Sind für Ihren Gesprächspartner visuelle Eindrücke sehr wichtig, wird er besonders Wörter verwenden wie etwa: gucken, beobachten, durchschauen, krumm/gerade, rot/grün/gelb/blau, blass, klar, schummrig, leuchtend, wegsehen/ansehen, vorstellen.

Ist er vor allem kinästhetisch orientiert, also auf Eindrücke hin, die unmittelbar körperlich erspürbar sind, werden Ihnen Worte auffallen wie: fühlen, empfinden, drücken, schieben, hart/weich, warm/kalt, Geruch/Gestank, köstlich, sauer/süß, lustvoll/langweilig.

Und wenn der andere ein »Hör-Mensch« ist, der vor allem von auditiven Eindrücken lebt, wird er oder sie Wörter verwenden wie: aufschnappen, schrill, laut/leise, gedämpft, rauschend, verstehen, vielsagend, klingen. (Zu den Sinneskanälen finden Sie in Kapitel 2 einen Test, den Sie bei sich selbst und anderen anwenden können, um den bevorzugten Sinneskanal zu ermitteln.)

Das klingt für Sie nach zu viel Arbeit? Wenn Sie Ihren »sechsten Sinn« im Alltag lieber spielerisch trainieren möchten, können Sie das mit Hilfe Ihres Telefons tun: Probieren Sie immer wieder mal, nicht auf die Rufnummernerkennung des Displays zu schauen, wenn es klingelt, sondern in sich hineinzuspüren und zu erraten, wer der Anrufer sein könnte. Eine unlösbare Aufgabe, meinen Sie? Zugegeben: Zu Beginn ist die Fehlerquote tatsächlich noch sehr hoch. Als ich mit dieser Übung anfing, habe ich manchmal mit einem freundlichen »Hallo, …« auch gleich ins Telefon gerufen, wer meiner Meinung nach am anderen Ende der Leitung war. Die Reaktionen waren durchwachsen, aber ich denke, meine Mutter beispielsweise hat mir inzwischen verziehen, zumal meine Trefferquote immer höher wurde. Mit etwas Übung wird es Ihnen ähnlich gehen. Und anders als ich können Sie Ihre ersten Mutmaßungen ja für sich behalten.

Dass wir wissen können, wer uns anruft, noch bevor wir den Hörer abgenommen haben, lässt sich erklären mit den Erkenntnissen der Quantenphysik, einer relativ jungen Wissenschaft, die die Grundsätze der klassischen Physik gründlich auf den Kopf stellt. Quantenphysiker gehen von der Existenz sogenannter »verschränkter Teilchen« aus, die miteinander in Verbindung stehen, auch wenn sie räumlich und zeitlich weit voneinander entfernt sind. Auf dieser Basis lässt sich erklären, dass Menschen, auch wenn sie einander nicht sehen und hören können, miteinander auf unsichtbare Weise in Kontakt stehen: Wenn ich beispielsweise intensiv daran denke, jemanden anzurufen, verändert sich ein uns alle umgebendes Energiefeld in einer Weise, dass der andere spüren kann, dass ich ihn anrufen möchte, und dies bereits »weiß«, wenn sein Telefon klingelt. Eine zunehmende Zahl von Experimenten legt nahe, dass es diesen Zusammenhang, der auch »Gesetz der Resonanz« genannt wird, tatsächlich gibt.

Die Übungen und Tests, die ich Ihnen bisher vorgestellt habe, schulen Ihre Intuition, oder genauer: den Erfahrungsanteil Ihrer Intuition. Der »sechste Sinn« nämlich funktioniert zu einem Teil reflexhaft und unbewusst und zu einem anderen Teil erfahrungsbasiert und bewusst. Der reflexhafte Teil der Intuition kann Sie in die Irre führen. Er ist am ehesten manipulierbar, ohne dass Sie es merken, und kann dazu beitragen, dass Sie Hemmungen, Abneigungen und Ängste entwickeln, ohne eigentlich zu wissen, warum. In dem Maße, wie Sie sich Ihrer Intuition bewusst werden, stärken Sie den bewussten Erfahrungsanteil Ihres »sechsten Sinnes«. Je deutlicher Sie erkennen, wie Ihre Intuition funktioniert, desto geringer wird die Gefahr, dass sie Sie auf Abwege führt. Ihr »Bauchgefühl«, das dann streng genommen gar keines mehr ist, wird mit der Zeit immer verlässlicher.

## Stimmt Ihr erster Eindruck? Wie die Physiognomik Ihre Intuition unterstützt

Schon jetzt, bevor Sie dieses Buch gelesen haben, sind Sie in der Lage, intuitiv Gesichter bzw. Menschen zu »lesen«. Sie tun dies täglich, immer dann, wenn Ihnen unbekannte Menschen begegnen.

Bereits im Säuglingsalter entscheiden wir intuitiv, welche Menschen wir anstrahlen und bei wem wir lieber lauthals unsere Schreimuskeln trainieren. Wissenschaftliche Untersuchungen haben belegt, dass auch im Erwachsenenalter in den ersten Sekunden und Minuten einer Begegnung immer wieder die gleichen Prozesse ablaufen:

- Erste Sekunde: Wir ordnen Menschen, denen wir begegnen, in ein grobes Raster ein: bekannt/unbekannt, männlich/weiblich, alt/jung, interessant/langweilig, attraktiv/unattraktiv, dick/dünn, groß/klein. Die Bewertung ist zu diesem Zeitpunkt noch offen.
- Erste 30 Sekunden: Auf der Basis des äußeren Erscheinungsbildes der anderen Person (Art und Farbe der Kleidung, Accessoires, Make-up, Haare etc.), ihrer Körpersprache (Gestik und Mimik) und ihrer Stimme erfolgt eine grobe Bewertung: sympathisch/unsympathisch, gepflegt/ungepflegt, unklar, widersprüchlich …
- Bis vier Minuten: Wir vertiefen unseren Eindruck, wenn möglich beginnen wir ein Gespräch oder beobachten die betreffende Person aus der Entfernung. Im Dialog achten wir nicht so sehr auf ihre Argumente oder den Inhalt des Gespräches, sondern vielmehr auf das Wie. Ist der/die andere authentisch, natürlich oder eher gekünstelt? Schüchtern oder draufgängerisch? Offen oder eher verschlossen?

Bereits nach vier Minuten glauben wir, einen bislang Fremden zuverlässig einschätzen zu können.

All diese Prozesse sind automatisiert und geschehen intuitiv. Sie können Ihre Einschätzung nicht argumentativ begründen. Ihr Unterbewusstsein vergleicht alle Informationen über den anderen, die Sie in diesen ersten vier Minuten erhalten, mit Ihren bisherigen Erfahrungen. Das kann man sich ähnlich vorstellen wie einen Datei-Suchbefehl am Computer, der daraufhin alle bestehenden Dateien prüft.

Was dabei herauskommt, hört sich ungefähr so an:

Er spricht wie …

Sie hat eine Frisur wie …

Ihr Parfüm ist wie …

Er lacht wie …

Ihre Stimme erinnert mich an …

Sie argumentiert wie …

Er läuft wie …

Sie hat Augen wie …

Er erinnert mich an …

Alle diese Auswertungen werden ausgeworfen und ergeben ein abschließendes Urteil, das entweder lautet: »Diese Person mag ich«, oder eben: »Diese Person mag ich nicht.«

Aber muss dieses intuitive Urteil immer das letzte Wort sein? Wenn wir andere für immer und ewig in der »Mag ich nicht«-Schublade »ablegen«, verbauen wir uns die Möglichkeit, uns von den betreffenden Menschen positiv überraschen zu lassen.

Beispielsweise lernte ich vor einiger Zeit einen Kollegen kennen, der mir auf den ersten Blick reichlich arrogant vorkam. Ruckzuck war ich überzeugt: Also, so kann man ja nun gar nicht sein. Ich riss mich zusammen, schaute ihm ins Gesicht und entdeckte dann 50 physiognomische Merkmale, die auch ich im Gesicht trage. Innerlich etwas kleinlaut gestand ich mir ein, dass dieser Mann und ich doch so einiges gemeinsam haben müssten. Und nach einem gemeinsamen Arbeitstag wusste ich, dass seine Arroganz nur eine Schutzhaltung war und dass sich dahinter ein liebenswerter und interessanter Mensch verbirgt. Inzwischen pflegen wir einen wertschätzenden und konstruktiven Umgang miteinander.

Sie können mit Hilfe der Physiognomik also Ihr erstes Urteil über eine andere Person auf den Prüfstand stellen. Je mehr physiognomische Eigenschaften Sie mit jemand anderem teilen, umso besser werden sie miteinander auskommen, umso mehr gemeinsame Themen, Werte und Meinungen werden sie haben. Je weniger gemeinsame physiognomische Eigenschaften vorliegen, umso wahrscheinlicher sind kontroverse Diskussionen und Konflikte, umso größer die Gefahr von Missverständnissen. Dies gilt im Privaten wie im Geschäftlichen. Und natürlich kann die Physiognomik Ihr erstes, intuitives Urteil über jemand anderen nicht nur widerlegen – wie bei meinem vermeintlich so arroganten Kollegen –, sondern auch bestätigen.

Als ich vor einigen Jahren einen neuen Job antrat, stimmte erst einmal alles: Die Vorgespräche waren vielversprechend gewesen, die Aufgabe reizvoll, die Unternehmenskultur gefiel mir, die Mitarbeiter waren motiviert. Leider konnte ich einen Kollegen, mit dem ich in Zukunft intensiv zusammenarbeiten würde, zunächst einmal nicht kennenlernen, da diese Stelle ebenfalls erst neu zu besetzen war. Einige Wochen später war es dann so weit: Ich hatte mein erstes Gespräch mit ebendiesem wichtigen Kollegen. Wir waren in seinem Büro verabredet, also klopfte ich an und wartete gelassen ab, bis er mir die Tür öffnete und mich hereinbat. Als der Moment kam, fühlte ich so etwas wie einen Faustschlag in den Magen. Augenblicklich war mir klar, dass es sehr, sehr schwierig werden würde, mit diesem Menschen zusammenzuarbeiten.

Ich versuchte es dennoch, was zu einer echten Herausforderung wurde. Irgendwann ging es nicht mehr. Ich kündigte und erklärte meinem Kollegen, was mich dazu veranlasst hatte. Später habe ich mich noch einmal brieflich bei ihm bedankt. Denn neben meinem ersten Gesichtslese-Erlebnis waren es meine Erfahrungen mit diesem Kollegen, die mich dazu brachten, die Kunst des Gesichterlesens zu lernen. Mit dem, was ich heute weiß, hätte ich meinem damaligen ersten Eindruck schneller getraut, statt die Botschaft, die meine Intuition mir sendete, als unzutreffend abzutun.

Dasselbe gilt vermutlich auch für drei Teilnehmerinnen meiner Seminare, die mir erzählten, dass sie schon bei ihrer Hochzeit gespürt hatten, dass der Mann, den sie da heirateten, nicht der Richtige war. Inzwischen sind alle drei wieder solo und zufrieden damit.

Damit Sie solche Erfahrungen möglichst vermeiden, können Sie in Kapitel 4 nachlesen, wie die Kunst des Gesichterlesens sich in Sachen Beruf, Liebe und Partnerschaft zum Wohl aller Beteiligten einsetzen lässt. Hier erst einmal noch eine wunderbare Erfahrung zum Thema Intuition, die ich vor einigen Monaten machen durfte: Ich hatte Gelegenheit, das Porträtfoto einer jungen Journalistin zu analysieren. Schon nach wenigen Minuten bekam ich eine Gänsehaut, denn die junge Frau hatte 70 physiognomische Merkmale mit mir gemeinsam. Klar, dass ich sie daraufhin anrief und erfuhr, dass wir auch dasselbe Sternzeichen haben. Wir vereinbarten ein Treffen, und als es so weit war, hatten wir uns so viel zu erzählen, dass wir beide bedauerten, nicht stundenlang einfach weiterquatschen zu können. Natürlich haben wir uns seither nicht zum letzten Mal getroffen. Schauen Sie sich doch mal in Ihrem Freundes- und Bekanntenkreis um: Sie werden zu 80–90 Prozent die gleichen physiogno-mischen Merkmale finden, die auch Ihr eigenes Gesicht auf-weist. Denken Sie an Ihre Freunde und auch an Kollegen, die Sie mögen, und stellen Sie sich die Frage, welche Anteile Ihrer selbst Sie in diesen Menschen wiederfinden. Diese Übung mache ich selbst gerne am zweiten Tag meiner Seminare: Ich frage mich, welcher Seminarteilnehmer welche Eigenschaften von mir verkörpert, finde es meist rasch heraus und bin immer wie-der verblüfft über die Resultate.

Eine meiner Kundinnen, die ich im Einzelcoaching zur Men-schenkennerin ausbilde, kannte ich zunächst nur per E-Mail. Von Anfang an wollte sie alles ganz genau wissen und hätte am liebsten gleich den gesamten Lehrstoff zum Vorarbeiten gehabt. Ich war erstaunt und gab ihr zunächst einige Vorinformationen. Wir verabredeten ein Treffen, und ich war gespannt, was mich erwarten würde. Sicherlich ein Mensch mit ausgeprägter ra-tionaler Tendenz, so viel war klar. Unser Treffen bestätigte mei-ne Vermutung: Sie war rational geprägt mit einer gefühlvollen Seite.

Die Chemie zwischen uns stimmte und wir arbeiteten weiter miteinander. Zwischen unseren Sitzungen erhielt ich von ihr lange E-Mails: Sie wollte Dinge klären, die sie noch nicht ver-standen hatte, ihre Vorgehensweise mit mir abstimmen; sie schilderte mir Begegnungen mit anderen Menschen und Haus-aufgaben, die sie sich selbst ausgedacht hatte. Manchmal war es fast zu viel, und ich fragte mich, wer von uns der Lehrer und wer der Schüler war. Bis mir aufging, dass ich selbst mich mei-nen Lehrern gegenüber ganz genauso verhalten hatte: Ich war auch ungeduldig vorgeprescht, hatte alles gleich und sofort wis-sen wollen. Bei unserem nächsten Treffen erzählte ich meiner Kundin von unserer neu entdeckten Gemeinsamkeit, und wir mussten beide lachen. Seitdem genieße ich ihre Fragen, gerade weil sie mich fordern und ich bei der Beantwortung meist selbst noch etwas dazulerne.

Und wenn jemand eine ganz andere Physiognomie hat als ich selbst? Dann suche ich bei ihm oder ihr nach Merkmalen für Eigenschaften, die ich selbst gern hätte, aber leider nicht habe. Sobald ich sie gefunden habe – und das ist oft der Fall –, betrachte ich den anderen nicht mehr misstrauisch, sondern wohlwollend-neugierig. Die positive Energie, die aus dieser Haltung entsteht, überträgt sich meist unmittelbar. Und aus Wohlwollen und Neugierde wird oft genug Freundschaft. Probieren Sie's aus!

# KAPITEL 2

UNSER GESICHT VERRÄT, WER WIR SIND:
DIE BASICS DES GESICHTERLESENS

## Physiognomische Merkmale

Die Physiognomik kennt 330 Grundmerkmale, mit deren Hilfe Gesichter gelesen werden können. In diesem und dem folgenden Kapitel werden Sie die wichtigsten dieser Merkmale kennenlernen, insgesamt rund 150. Ich weiß noch, dass ich einen Schreck bekommen habe, als ich diese Zahlen zum ersten Mal hörte: Wie sollte ich mir all das jemals merken können?

Machen Sie sich keine Sorgen: Sie bekommen die Merkmale Schritt für Schritt vorgestellt, und wenn Sie die eingangs erwähnte 72-Stunden-Regel beherzigen und sich bei Ihren alltäglichen Begegnungen gleich auf die Suche danach machen, prägen sich Ihre neuen Kenntnisse ein, fast ohne dass Sie es merken. Die jeweils nächsten Schritte werden Ihnen dann umso leichter fallen, denn nun haben Sie ja bereits Vorwissen, auf das Sie aufbauen können.

Als ich meine Physiognomik-Ausbildung begann, konnte ich es schon nach dem ersten Seminartag kaum erwarten, meine neuen Kenntnisse anzuwenden. Ich erinnere mich noch, dass ich gleich nach dem Seminar tanken fuhr und dabei den Tankwart genau unter die Lupe nahm. Natürlich war ich begeistert, als sein nettes Lächeln meine Analyse seiner Gesichtsform und Ohren bestätigte. Am Abend nahm ich mir alte Fotos von mir und meinen Freunden vor und zerbrach mir den Kopf darüber, dass bei manchen Nase und Ohren so gar nicht zusammenzupassen schienen. Bei vielen meiner Freunde fanden sich aber auch Merkmale wieder, die ich selbst in meinem Gesicht trage; die meisten davon bei denjenigen meiner Freunde, die mir am nächsten stehen. Eines meiner liebsten Übungsobjekte war ein Freund, der sich meinen Studien allerdings eher widerstrebend zur Verfügung stellte und mir ständig neue Mails mit Informationen über die Risiken des Gesichterlesens schickte. Schaut man sich seine Ohrläppchen und Oberlippe an, ist das kein Wunder. Tatsächlich ist beim Gesichterlesen wichtig, dass man sich nicht ausschließlich auf einzelne Merkmale konzentriert, denn dabei läuft man Gefahr, andere auszublenden. Wenn Sie bei einem Ihrer Mitmenschen ein charakteristisches Merkmal entdecken, sollten Sie im nächsten Schritt versuchen, weitere Merkmale zu finden, die in dieselbe Richtung weisen. Halten Sie aber auch fest, was dieser Analyse möglicherweise widerspricht. Auf diese Weise werden Sie Ihrem Gegenüber gerecht – schließlich trägt jeder von uns viele Seiten in sich. Sie werden später noch genauer erfahren, auf welche Weise man unterschiedliche Lebensbereiche und Eigenschaften in ein und demselben Gesicht deuten kann. Und nicht vergessen: Konzentrieren Sie sich auf die Stärken Ihrer Mitmenschen – ihre weniger starken Seiten kennen Sie ja vermutlich schon ganz gut, oder?

Übrigens habe ich mir, nachdem ich mich bereits einige Zeit mit der Physiognomik beschäftigt hatte, auch noch einmal Fotos des erwähnten Kollegen genau angesehen, mit dem ich so gar nicht zurechtgekommen war. Seine Stärken waren ihm im Gesicht abzulesen, und auch, warum sie mit den meinen so wenig kompatibel waren.

Bevor wir nun in die einzelnen Merkmale einsteigen, noch ein paar Worte zum Verlauf des Weges, den Sie zurücklegen, während Sie die Kunst des Gesichterlesens erlernen. Dieser Weg verläuft in drei Stadien:

1. Zunächst einmal lernen Sie, die Merkmale im Gesicht eines anderen Menschen oder bei Ihrem eigenen Spiegelbild wahrzunehmen.

2. Dann prägen Sie sich die Bedeutung der Merkmale ein, bis Sie sie abrufen können, ohne nachzuschlagen.

3. Und schließlich lernen Sie, verschiedene Merkmale in ihrer Gesamtheit zu deuten und sich Ihrer Deutung entsprechend zu verhalten.

Ich habe bereits erwähnt, dass einzelne Merkmale sich gegenseitig verstärken oder abschwächen können. Mit zunehmender Erfahrung werden Sie immer besser in der Lage sein, einzelne Merkmale in Kombination mit anderen zu lesen und schließlich eine Top-10-Liste der Stärken Ihres jeweiligen Gegenübers zu erstellen. Als kleine Hilfestellung finden Sie am Schluss dieses Buches eine Liste mit allen Merkmalen. Kopieren Sie diese am besten, so dass Sie sie anfangs in Ihrem Alltag immer dabeihaben – Sie können sie als Vorlage für die Analyse Ihres eigenen Gesichts ebenso verwenden wie beim Lesen der Gesichter anderer Menschen. Dabei wünsche ich Ihnen die gleiche Faszination und Freude, wie ich sie erleben durfte und immer noch erlebe.

Jetzt aber in medias res: Lassen Sie uns loslegen mit den einzelnen physiognomischen Merkmalen. Wir starten mit den Gesichtsformen und der Einteilung des Gesichts. Diese beiden Dinge bilden die Basis des Gesichterlesens. Alles, was Sie beim Gesichterlesen sonst noch herausfinden, gliedert sich an diese erste Einschätzung an: Die weiteren physiognomischen Merkmale werden die Analyse der Gesichtsform und -einteilung konkretisieren und schärfen, indem sie Ihre Basis-Einschätzung entweder bestärken oder abschwächen.

1

2

3

4

## Gesichtsformen

Wir sprechen in der Physiognomik von vier Gesichtsformen:

Die **quadratische bzw. rechteckige Form (1)** ist erkennbar an den deutlichen Ecken an Stirn und Kinn sowie an den geraden Wangen. Ein Mensch mit einer solchen Gesichtsform ist willensstark und durchsetzungsfähig. Was er sich vorgenommen hat, setzt er tatkräftig in die Praxis um und ist zudem noch sehr entscheidungsfreudig. Angela Merkel besitzt, sicher nicht von ungefähr, diese Gesichtsform.

Die **runde oder ovale Gesichtsform (2)** erkennt man daran, dass die Konturen fließend und gleichmäßig sind. Menschen mit dieser Gesichtsform haben eine schmale Stirn und ein sanft gerundetes Kinn. Sie sind gesellig und umgänglich, sehr hilfsbereit und harmoniebedürftig. Streit und Dissonanzen bringen diese Menschen aus dem Gleichgewicht. Möglichst ständiger Kontakt zu anderen ist unabdingbar. Ein Beispiel dieser Spezies ist Boxweltmeisterin Regina Halmich.

Die **dreieckige Gesichtsform (3)** erkennen Sie ganz klar daran, dass die breiteste Partie in diesem Gesicht der Stirn-Augen-Bereich ist. Zum Kinn hin hat es eine schmal zulaufende Kontur. Der Mensch dahinter ist sehr intuitiv, kennt sein Bauchgefühl und vertraut ihm. Im Umgang mit anderen ist er sehr diplomatisch und baut auf gesunden Menschenverstand. US-Präsident Barack Obama zum Beispiel hat diese Gesichtsform.

Last but not least: die **trapezförmige Gesichtsform (4)**. Sie ist erkennbar an der deutlich breiten Wangen-Kinnpartie, die Augenpartie wirkt dagegen vergleichsweise schmal. Menschen mit dieser Gesichtsform sind tatkräftig und geschickt in praktischen Dingen. In ihrem Denken und Handeln sind sie sehr erfolgsorientiert. Helmut Kohl ist ein prominentes Beispiel für diese Gesichtsform.

Interessanterweise tun gerade Menschen mit dieser Gesichtsform sich schwer damit, sie bei sich selbst zu erkennen und zu akzeptieren. Vergangenes Jahr nahm an einem meiner Trainings eine sehr hübsche junge Frau teil. Sie war grazil und anmutig und hatte eine tolle, warmherzige Ausstrahlung. Nachdem ich alle vier Gesichtsformen vorgestellt hatte, bat ich meine Seminarteilnehmer, sich gegenseitig einer Gesichtsform zuzuordnen. Die junge Frau stellte fest, noch nie einem Menschen mit trapezförmigem Gesicht begegnet zu sein. Ich musste ein Lächeln unterdrücken, denn sie selbst hatte ein trapezförmiges Gesicht und, wie sich später herausstellte, ihr Freund ebenfalls. So ist das: Wenn man einmal anfängt, genau hinzuschauen, erkannt man viel Neues!

Natürlich gibt es auch Mischformen aus diesen vier Typen. Gesichtsformen zu erkennen ist nicht ganz leicht; in meinen Seminaren wird durchaus diskutiert, wenn es darum geht, wer welche Gesichtsform hat. Und um ganz ehrlich zu sein: Gerade mit den Mischtypen habe ich selbst auch heute noch meine Probleme. Bei einem Arnold Schwarzenegger ist die quadratische Gesichtsform ebenso eindeutig erkennbar wie die rund-ovale

Form beim Komiker Dirk Bach oder die dreieckige Form bei Barack Obama. Wenn aber die Stirn eines Menschen nahezu komplett durch einen Pony verdeckt ist, kann es schwierig werden, und auch ein auffallend spitzes Kinn beispielsweise kann in die Irre führen – es kommt nämlich durchaus nicht nur bei dreieckigen Gesichtern vor.

Lassen Sie sich davon nicht entmutigen; glücklicherweise gibt es ja noch andere physiognomische Merkmale, mit deren Hilfe Sie Ihre erste Vermutung bezüglich der Gesichtsform überprüfen können. Mit der Zeit werden Sie immer mehr Übung darin bekommen, ihre verschiedenen Beobachtungen zu einem Gesamtbild zusammenzufassen. Vergessen Sie nicht: Je öfter Sie etwas üben, desto breiter wird die »Gedächtnisspur« in Ihrem Gehirn und desto leichter wird Ihnen die Übung beim nächsten Mal fallen, bis Sie dann irgendwann ganz automatisch abläuft. Wenn Sie Kinder haben, denken Sie mal an die Zeit zurück, in der sie laufen gelernt haben. Wie oft sind sie auf dem Po gelandet und danach wieder aufgestanden, um es von neuem zu probieren?

Sie können sich auch die Tatsache zunutze machen, dass wir leichter lernen, wenn wir dabei positive Gefühle haben. Nehmen Sie Ihre ersten Gehversuche in Sachen Physiognomik also von der komischen Seite, lachen Sie, wenn Sie mal danebenliegen und nehmen Sie das Ganze als Spiel.

Hier noch ein Trick für Ihre ersten Übungen mit Familie und Freunden: Wenn Sie sich bezüglich der Gesichtsform nicht sicher sind, bitten Sie die betreffende Person, sich vor einen Spiegel zu stellen und ziehen Sie ihre Gesichtsform auf dem Spiegel mit einem Fett- oder Kajalstift nach. Zugegeben, den Spiegel müssen Sie anschließend putzen, aber die nachgezeichnete Kontur lässt die Gesichtsform in der Regel klarer werden.

## Die Aufteilung des Gesichts

Physiognomen unterteilen das Gesicht eines Menschen in drei Bereiche: Die Stirn von den Stirnkanten bis zur Nasenwurzel steht für **Vernunft/Logik**. Die Nase von der Wurzel bis zum Nasensteg – das ist der Bereich zwischen den Nasenlöchern – steht für **Gefühle/Seele**. Der dritte Bereich des Gesichts beginnt beim Nasensteg und endet an der Kinnspitze. Er steht für **Ausführung/ Verwirklichung**.

Schnappen Sie sich einen netten Menschen und schauen Sie genau hin: Welcher Bereich ist in seinem Gesicht am deutlichsten ausgeprägt? Die Stärken des betreffenden Menschen liegen dann jeweils im Logisch-Vernunftmäßigen, im Gefühlvollen oder im Bereich der Ausführung von Ideen. Das bedeutet aber nicht, dass die im Gesicht eines Menschen jeweils untergeordneten Bereiche vollkommen unwichtig sind. Vielmehr geht man davon aus, dass der am zweitstärksten ausgeprägte Bereich die offensichtlichen Stärken des jeweiligen Menschen beeinflusst, während der am schwächsten ausgeprägte Bereich eine klar dienende Funktion hat. Nehmen wir als Beispiel noch einmal Regina Halmich, die ich Ihnen als Repräsentantin der ovalen Gesichtsform vorgestellt habe. Bei ihr ist die Kinnpartie dominant, was sie als Ausführende auszeichnet. Am zweitstärksten ausgeprägt ist die Nasenpartie, was bedeutet, dass bei dem, was sie tut, Gefühle eine große Rolle spielen.

Mit zunehmender Übung wird es Ihnen immer besser gelingen, die Dreiteilung im Gesicht Ihres Gegenübers zu erkennen und zu deuten. Dazu noch ein Tipp: Gerade am Anfang gelingt dies am besten, wenn Sie den anderen im Profil betrachten. Sie können die Größe des Stirn-, Nasen- und Kinnbereichs dabei besser einschätzen, als wenn Ihr Gegenüber Sie direkt anschaut.

Was bedeutet es nun, wenn Sie beispielsweise einen Menschen entdeckt haben, der im vernünftigen, logischen Denken zu Hause ist? Sie erkennen ihn daran, dass seine **Stirnpartie** den größten Teil des Gesichts ausmacht. Dieser Mensch will alles verstehen und hinterfragt darum auch vieles. Er neigt dazu, nur das ernst zu nehmen, was wissenschaftlich belegt ist. Seine Urteile fällt er auf der Basis einer Nutzenanalyse.

Bei vernunftmäßig-logisch denkenden Menschen ist meist der auditive Sinneskanal dominant; sie nehmen die Welt vor allem über das wahr, was sie hören. Um eine Entscheidung zu treffen, benötigen sie Zahlen, Daten, Fakten.

Sie wissen nicht was Ihr vorherrschender Sinneskanal ist? Im nächsten Kapitel finden Sie einen Test, der Ihnen zeigt, welcher Sinneskanal bei Ihnen besonders ausgeprägt ist.

Wenn Ihr Gegenüber sich aufgrund der dominanten **Nasenpartie** als »Gefühlvoller« entpuppt, wissen Sie: Diesem Menschen sind Emotionen sehr wichtig; sein Denken und Handeln ist emotional ausgerichtet. Soziale Kontakte und ein enges soziales Umfeld sind für ihn besonders wichtig. Gefühlvolle setzen sich gern für andere ein. Die Welt nehmen sie vor allem kinästhetisch und visuell wahr. Sie benötigen Körperkontakt, fassen und schauen Dinge gern an.

Bei meiner Arbeit als Gesichtsleserin erlebe ich häufig, dass Menschen ihre emotionale Seite nicht mögen oder nicht wahrhaben wollen. So war eine meiner Kundinnen völlig überrascht, als ich mit ihr über ihre ausgeprägten emotionalen Persönlichkeitsanteile sprach. Und ein Seminarteilnehmer geriet fast ins Schimpfen, als ich ihn als »Gefühlvollen« bezeichnete. Gleichzeitig bestätigten mir seine Kollegen, dass sie ihn ebenfalls als durchaus emotional gepägten Menschen erlebten. Gefühle, so scheint es, stehen in unserem rational geprägten Zeitalter nicht sehr hoch im Kurs. Schade eigentlich, denn Emotionen können eine starke positive Kraft entwickeln, wenn sie bewusst wahrgenommen statt widerwillig unterdrückt werden (was im Allgemeinen früher oder später zu den berüchtigten Gefühlsausbrüchen führt). Und emotional bei der Sache zu sein, d. h. mitzubekommen, was andere gerade empfinden, ist im täglichen Leben eigentlich nur von Vorteil.

Ist die **Kinnpartie** eines Menschen relativ gesehen am größten, haben wir es mit einem Menschen zu tun, der im Ausführen aufgeht. Er stürzt sich mit seinen Fähigkeiten gern mitten ins Geschehen, ohne vorher allzu lange nachzudenken oder mögliche Konsequenzen abzuwägen. Ausführende sind zielstrebige Menschen. Wie die Gefühlvollen sind sie vorwiegend im kinästhetischen und visuellen Sinneskanal zu Hause.

Eine sehr ausgeprägte Kinnpartie hat beispielsweise Ex-Nationaltorwart Oliver Kahn – kein Wunder: Wer, wenn nicht ein Torwart, muss zupacken können? Die Tatkraft wird bei Oliver Kahn noch unterstrichen durch die quadratische Gesichtsform und durchgezogene Stirnquerfalten, die zeigen, dass er das, was er tut, auch zu Ende bringt (darauf, was Sie aus der Stirn eines Menschen alles herauslesen können, werden wir später noch zu sprechen kommen). An der Tatsache, dass neben der Kinn- auch die Stirnpartie in Kahns Gesicht sehr ausgeprägt ist, lässt sich erkennen, dass er nicht einfach drauflosagiert, sondern sein Handeln rational prüft und begründet. Erst an dritter Stelle steht in Kahns Gesicht der Bereich des Emotionalen.

Gibt es auch Menschen, bei denen die drei grundlegenden Gesichtsbereiche gleich stark ausgeprägt sind? Ja, die gibt es, aber nur selten. Sie sind angenehme Zeitgenossen, weil sie sehr ausgeglichen sind und in sich ruhen. Sie können sich gut auf unterschiedliche Charaktere und Temperamente einstellen und haben daher zu den meisten ihrer Mitmenschen einen guten Draht.

## Übung 1

Zum Schluss dieses Abschnitts habe ich eine kleine Aufgabe für Sie: Schauen Sie sich die Menschen auf den beiden Fotos gut an: Was sagen Sie zur Dreiteilung des Gesichts? Welche ersten Rückschlüsse können Sie ziehen?
Die Auflösung finden Sie im Anhang dieses Buches.

Wenn ich den Teilnehmern meiner Seminare Porträtfotos zum Üben vorlege, gibt es Gruppen, die auf Anhieb richtig liegen, aber oft genug auch Diskussionen, weil die Teilnehmer bei ein und derselben Person eine quadratische, dreieckige und trapezförmige Gesichtsform zu erkennen glauben. Ihnen mag es ähnlich gehen. Nicht verzweifeln! Es ist eine Frage der Übung. Nach drei bis vier Tagen und etwa 100 gedeuteten Gesichtern fällt Ihnen die Zuordnung viel leichter – versprochen!

# Wie sehen, hören, fühlen Sie die Welt? Sinneskanäle

Kürzlich erzählte eine meiner Kundinnen in einer Seminarpause, dass sie sich einen neuen DVD-Rekorder gekauft habe. Zu Hause wollte sie das gute Stück gleich anschließen. Sie schlug also die Gebrauchsanweisung auf und stutzte: »Alles, was man tun sollte, war in kleinen Zeichnungen erklärt. Das Ganze sah fast aus wie ein Comic. Ich wusste sofort, dass ich da keine Chance hatte«, berichtete sie. »Ich habe dann eine Freundin angerufen. Die ist gleich rübergekommen, hat sich die Bildchen angeschaut und dann beschrieben, was sie dort sah. Ich habe zugehört und nach ihren Anweisungen den Rekorder angeschlossen.«
Was war passiert? Die visuell orientierte Freundin hatte meiner Kundin die Informationen, die sie brauchte, in den auditiven Sinneskanal »übersetzt«.
Alles, was wir Menschen lernen und erfahren, beruht auf der Wahrnehmung und Verarbeitung von Reizen aus unserer Umwelt. Dazu haben wir unsere fünf Hauptsinne: Sehen, hören, fühlen, riechen, schmecken. Spricht man von den drei Sinneskanälen, so werden die drei letztgenannten Sinne zu einem Kanal zusammengefasst. Wir haben dann: den visuellen Sinneskanal (sehen), den auditiven Sinneskanal (hören) und den kinästhetischen Sinneskanal (fühlen, riechen, schmecken).
Jeder Mensch entwickelt im Laufe seines Lebens eine Präferenz für einen oder mehrere Sinneskanäle. Dies geschieht infolge eines Lernprozesses: Wird ein bestimmter Sinn, zufällig oder aufgrund bestimmter äußerer Rahmenbedingungen, häufiger als andere genutzt, bilden sich die dazugehörigen Strukturen im Gehirn besonders gut aus. Das führt dann wiederum dazu, dass dieser Sinn häufiger als andere Sinne eingesetzt wird.
Geht es Ihnen wie meiner Seminarteilnehmerin – wissen Sie, ob Ihnen das Sehen, Hören oder Fühlen besonders liegt? Falls

nicht, kann der folgende Test Ihnen dabei helfen, herauszufinden, über welchen Sinneskanal Sie primär die Welt wahrnehmen.

## Einfacher Sinneskanaltest

Vergeben Sie bitte im Folgenden für jede Aussage Punkte nach dieser
Skala:

4 = Die Aussage trifft am meisten auf mich zu.
3 = Die Aussage trifft am zweitmeisten auf mich zu.
2 = Die Aussage trifft eher weniger auf mich zu.
1 = Die Aussage trifft nicht auf mich zu.

1.  *Sie sitzen im Reisebüro und planen Ihre nächste Urlaubsreise. Für
    welches Hotel entscheiden Sie sich?*

    ○ Ich entscheide ganz intuitiv und aus dem Bauch heraus.

    ○ Ich wähle das Hotel, von dem mir die Verkäuferin am meisten
    berichtet hat.

    ○ Ich buche das Hotel, das auf den Fotos am schönsten aus-
    sieht.

    ○ Das Preis-Leistungs-Verhältnis muss stimmen. Ich wäge alle
    Fakten gegeneinander ab.

2.  *Sie haben eine hitzige Diskussion mit Freunden. Sie sind nur bereit,
    Ihren Standpunkt zu ändern, ...*

    ○ wenn Ihre Freunde die Schärfe aus ihrem Ton nehmen.

○ wenn Ihre Freunde ihre Meinung gut rüberbringen können.

○ wenn Ihre Freunde logische Argumente haben, die mich überzeugen.

○ wenn Sie nachvollziehen können, wie sich Ihre Freunde fühlen.

3. *Das, was Sie als Person ausmacht, kann man am besten erkennen in ...*

○ Ihrem Kleidungsstil und Ihrem Äußeren.

○ Ihrer emotionalen und gefühlvollen Art.

○ Ihrer Ausdrucksweise und dem, was Sie von sich erzählen.

○ der Art und Weise, wie Sie mit anderen umgehen.

4. *Ein Bekannter bittet Sie um Hilfe bei der Vorbereitung einer Party. Wobei unterstützen Sie ihn am liebsten?*

○ Ich kümmere mich um die Musikauswahl, da kenne ich mich am besten aus.

○ Ich stelle die Sitzordnung zusammen, so dass wir möglichst gute Gespräche haben.

○ Ich helfe beim Aufbauen der Tische, denn ich packe am liebsten ordentlich mit an.

○ Ich kümmere mich um eine ansprechende Beleuchtung und eine harmonische Dekoration.

5. *Sie werden von Ihrem Partner in ein neu eröffnetes Restaurant ausgeführt. Worauf achten Sie zuerst?*

○ Auf die angenehme Hintergrundmusik.

○ Am meisten interessiert mich, welche Gerichte wohl auf der Karte stehen.

○ Ich achte darauf, dass ich einen angenehmen Platz bekomme, an dem ich bequem sitze.

○ Ich lasse erst einmal das Ambiente auf mich wirken.

Übertragen Sie nun bitte die Zahlen jeder Antwort in genau der Reihenfolge ihrer Benennung in die nachfolgende Tabelle.

| Frage 1 | Frage 2 | Frage 3 | Frage 4 | Frage 5 |
|---------|---------|---------|---------|---------|
| K | A | V | A | A |
| A | V | K | Ad | Ad |
| V | Ad | Ad | K | K |
| Ad | K | A | V | V |

Nun zählen Sie zusammen, wie viele V-Punkte, wie viele A-Punkte, wie viele K-Punkte und wie viele Ad-Punkte Sie haben. Schreiben Sie die Zahlenwerte unter den jeweiligen Begriff.
Überprüfen Sie: Alle Punkte zusammen müssen 50 ergeben.
Dort, wo es die meisten Punkte gibt, befindet sich Ihr bevorzugter Sinneskanal.

Und? Welcher Sinnes-Typ sind Sie?

## Visuell

Visuell geprägte Menschen nehmen über die Augen wahr. Wenn sie beispielsweise zum ersten Mal einen Raum betreten, dann gilt ihre Aufmerksamkeit unbewusst zuerst den Farben und Formen. Sie sehen sofort, ob der Teppich zu den Möbeln oder den Vorhängen passt, und sie werden sich wahrscheinlich, insbesondere bei »Disharmonien«, noch lange daran erinnern können. Das Visualisieren von inneren Bildern fällt visuell geprägten Menschen eher leicht, da sie ohnehin visuell verarbeiten. Wenn sie ihre Augen schließen und sich eine schöne Orange vorstellen sollen, dann haben sie wahrscheinlich ein klares und farbiges Bild vor ihrem geistigen Auge.

Visuell Orientierte sind häufig in graphischen Berufen zu finden.

## Auditiv

Bei auditiven Menschen ist der Hörsinn am meisten ausgeprägt. In einer Diskussion achten sie sehr genau auf den Ton, den ihr Gegenüber anschlägt, und selbst kleinste Nuancen und Stimmveränderungen nehmen sie genau wahr. Viele Auditive sind äußerst lärmempfindlich und fühlen sich in einer lauten Umgebung unwohl. Wenn Auditive die Augen schließen, um sich eine schöne Orange vorzustellen, so hören sie häufig jemanden das Wort »Orange« sagen, bevor sich ein Bild vor dem geistigen Auge dazu einstellt.

Auditive sind meist sehr musikalisch.

## Auditiv-Digital

Menschen, die ausgeprägt auditiv-digital verarbeiten, gehen immer der Logik einer Sache auf den Grund. Sie können gut mit Zahlen, Daten und Fakten umgehen und überprüfen bei wichtigen Entscheidungen immer nüchtern das jeweilige Für und Wider. Die meisten Auditiv-Digitalen sehen eher selten innere Bilder, dafür haben sie kein Problem mit abstrakten Begriffen oder Tätigkeiten. Beim Lernen hilft es ihnen, wenn sie Zusammenhänge und Querverbindungen herstellen können;

sie versuchen meist herauszufinden, »wie« und »warum« etwas so und nicht anders ist. Begründungen und Zusammenhänge sind für Menschen dieses Wahrnehmungstypus ein wesentlicher Teil der Welt.

Auditiv-Digitale findet man oft in Berufen, in denen logisches Denkvermögen und der Umgang mit Zahlen gefragt sind, z. B. als Ingenieure oder im Bereich EDV.

## Kinästhetisch

Kinästhetisch geprägt sind Menschen, die über das Fühlen, Tasten und Bewegen wahrnehmen. Um Dinge zu »begreifen«, müssen sie sie anfassen und bewegen. Ein Kinästhet achtet beim Kleiderkauf zuerst auf das Material und darauf, wie sich ein Kleidungsstück am Körper anfühlt, bevor er sich zum Kauf entscheidet. Auch im zwischenmenschlichen Bereich suchen Kinästheten immer wieder die Berührung.

Der Kinästhet lernt am leichtesten, wenn er sich dabei bewegen darf. Dementsprechend erleben kinästhetisch geprägte Kinder den Schulunterricht oft als große Herausforderung. Wenn sich Kinästheten mit geschlossenen Augen eine schöne Orange vorstellen sollen, haben sie wahrscheinlich zuerst ein Gefühl für die Orange, bevor sich ein entsprechendes Bild dazu einstellt.

Kinästheten findet man häufig in Berufen, in denen handwerkliche Geschicklichkeit gefragt ist.

Die Einteilung des Gesichts lässt, wie schon gesagt, auch Schlüsse auf den vorherrschenden Sinneskanal Ihres Gegenübers zu. Logisch-vernunftmäßig geprägte Menschen bevorzugen häufig den auditiven Sinneskanal, den Gefühlvollen und den Ausführenden hingegen liegt meist der visuelle und/oder der kinästhetische Sinneskanal mehr. Dass ein Hinhören auf die Wortwahl des anderen hilfreich ist, um den bei ihm vorherrschenden Sinneskanal zu ermitteln, habe ich bereits im Abschnitt über die Intuition in Kapitel 1 erwähnt.

Sie können diese Information übrigens auch nutzen, um die Kommunikation mit Ihrem Gegenüber möglichst leicht und mühelos zu gestalten. Wie das geht, erfahren Sie in Kapitel 4.

Für den Moment können Sie ja einmal bei sich selbst überprüfen, ob das Testergebnis auf Sie zutrifft: Beobachten Sie sich in den nächsten Tagen daraufhin, wie Sie sich etwas begreiflich machen, etwas vorstellen, was Sie in bestimmten Situationen besonders stört usw. Natürlich können Sie auch Familienmitglieder, Freunde und Bekannte bitten, den Test zu machen. Vielleicht finden Sie ja Überraschendes heraus.

## Die Haut

»Puh, ist die dünnhäutig!« Oder aber: »Der hat eine Haut wie ein Elefant.« Das sind Redensarten, die Sie sicher schon oft gehört oder selbst gebraucht haben. Einmal abgesehen davon, dass Elefanten beileibe keine so unempfindliche Haut haben, wie man ihnen nachsagt, lassen sich aus der Beschaffenheit der Haut eines Menschen überraschend oft direkte Rückschlüsse auf sein Naturell ziehen.

Auch die Pathophysiognomik arbeitet mit der Farbe und Beschaffenheit der Haut eines Menschen. So wird eine Rötung der Gesichtshaut als Hinweis auf eine Entzündung im Körper gesehen, gelblich verfärbte Haut kann auf eine Störung der Leberfunktion hinweisen, eine graue Gesichtsfarbe auf Probleme im Bereich der Nieren.

**Dünne Haut** ist erkennbar an durchscheinenden Adern, feiner und pergamentartiger Hautstruktur und mit zunehmendem Alter auch an Trockenheitsfältchen. Ein Mensch mit dünner Haut ist sehr sensibel und tut sich schwer damit, zu Erlebnissen

47

und Eindrücken den nötigen Abstand herzustellen. Er nimmt starken Anteil an dem, was um ihn herum geschieht, und ist sehr mitleidens-fähig. Sich abzugrenzen fällt diesem Menschen schwer.

Sehen Sie bei Ihrem Gegenüber **Couperose,** also feine blau-rote Äderchen, die durch die Gesichtshaut schimmern? Sie können ein Zeichen für aufgestaute Frustration sein. Ihr Gegenüber kann also möglicherweise seinen Unmut nur schwer äußern und schluckt negative Gefühle eher herunter. Die feinen geplatzten Äderchen sind dann äußeres Anzeichen von innerem Druck. Die Couperose etwa bei Prinz Charles lässt den Rückschluss zu, dass er in seinem Leben schon einiges zu schlucken hatte.

## Übung 2

Wieder eine kleine Übungsaufgabe: Angenommen, Ihr Gegenüber hat eine ovale Gesichtsform und in seinem Gesicht ist der Gefühlsbereich dominant, mit dem Bereich des Ausführenden an zweiter und dem Bereich des Logisch-Vernunftmäßigen an dritter Stelle. Darüber hinaus stellen Sie fest, dass er eine dünne Haut hat. Wie gehen Sie mit dem betreffenden Menschen um? Wenn Sie mögen, notieren Sie Ihre Ideen auf einem Zettel.

Die Auflösung finden Sie wiederum am Schluss des Buches.

**Normale Haut** erkennen Sie an feinen Poren. Das Gesicht Ihres Gegenübers ist gut durchblutet; die Haut wirkt prall und rosig. Menschen mit normaler Haut können sich situationsabhängig äußeren Eindrücken öffnen oder sich dagegen verschließen. Sie haben also die Kontrolle darüber, was ihr Inneres berührt und was nicht.

**Dicke Haut** ist großporiger als normale Haut. Sie ist gut durchblutet, hat wenig Falten und wirkt sehr robust; an manchen Stellen erinnert sie unter Umständen an Leder.

Menschen mit einer dicken Haut haben eine Vorliebe für starke Eindrücke. Sie sind gern bei Wind und Wetter draußen in der Natur. Grenzerfahrungen schrecken sie nicht. Ebenso wie Menschen mit normaler Haut entscheiden sie darüber, was sie an sich heranlassen und was nicht. Bestimmte Dinge lassen sie einfach an sich abprallen – allerdings kann sich diese Eigenschaft auch erst im Laufe eines Lebens herausbilden, das von Erfahrungen geprägt war, vor denen der betreffende Mensch sich schützen musste.

Hier noch ein kleiner Trick zur Feststellung der Hautdicke, den Sie allerdings nur bei Freunden und Bekannten oder bei sich selbst anwenden können. Sie müssen dazu nämlich mit dem Fingernagel über die Haut fahren und anschließend schauen, wie lang der Strich auf der Haut sichtbar ist. Dabei gilt: Je länger Sie ihn sehen können, desto dünner ist die Haut des betreffenden Menschen.

## Übung 3

Sie möchten weiter üben? Gerne! Wie ist der Charakter eines Menschen mit folgenden Merkmalen: quadratische Gesichtsform, Dreiteilung   1. Ausführender / 2. Logisch-Vernunftmäßiger / 3. Gefühlvoller, dicke Haut?
Die Auflösung finden Sie am Ende des Buches.

# Die Ohren

Mögen Sie Ihre Ohren? Oder haben Sie etwas daran auszusetzen? Finden Sie sie zu groß, zu abstehend oder sonstwie mängelbehaftet?

Ich habe mich mit meinen Ohren inzwischen ganz gut angefreundet, aber auch erst, seit ich mich mit Physiognomik beschäftige. Als Kind hatte ich richtiggehend abstehende Ohren und litt sehr unter den Kommentaren meiner Mitschüler, so dass meine Eltern eines Tages gemeinsam mit mir entschieden, meine Ohren operativ anlegen zu lassen. Ich war damals zehn Jahre alt. In den ersten Jahren nach der OP sahen meine Ohren wie angeklebt aus, und in der Pubertät lösten sie sich nach und nach wieder. Heute gelten sie, physiognomisch gesehen, als leicht abstehend. Ein typisches Beispiel dafür, dass unsere Physiognomie für innere Eigenschaften steht, die sich nicht einfach wegoperieren lassen.

Sie wollen nun endlich wissen, was es mit den abstehenden Ohren auf sich hat? Noch ein paar Seiten, dann erfahren Sie es. Wetten, dass auch Sie abstehende Ohren dann mit anderen Augen sehen werden?

Doch lassen Sie uns von vorne beginnen: Das Ohr ist ein komplexes Sinnesorgan. Wir brauchen es nicht nur zum Hören, sondern es steuert auch unseren Gleichgewichtssinn.

Wenn der Mensch jedes Geräusch, das seine Ohren erreicht, wahrnehmen und analysieren müsste, wäre er total überfordert. Die Fähigkeit des Gehirns, ähnlich klingende Geräusche voneinander zu unterscheiden, schützt vor Reizüberflutung. Sie gibt uns die Möglichkeit, weniger wichtige Geräusche auszublenden und uns auf wichtige zu fokussieren, beispielsweise, wenn wir uns im Stimmengewirr einer Party auf unseren Gesprächspartner konzentrieren möchten.

Diese Fähigkeit zur selektiven Wahrnehmung funktioniert sogar, wenn wir schlafen. Während relativ laute, aber gleichmäßige und unbedeutende Geräusche uns nicht aufwachen lassen, können Geräusche mit hohem Informationsgehalt und mit hoher subjektiver Bedeutung (z. B. Geräusche der Kinder, der eigene Name, Sirenen) uns schon bei geringer Lautstärke wecken.

Die Position der Ohren sowie ihr Abstand voneinander ermöglichen uns, räumlich zu hören: Unser Gehirn verarbeitet dabei die unterschiedlichen Schallintensitäten eines Geräuschs und die Zeitdifferenz, mit der es die Ohren erreicht.

In der Physiognomik gibt es eine Grundregel, die nicht nur für die Ohren, sondern auch für Augen, Nase und Mund gilt. Sie lautet: Je größer ein Sinnesorgan bei einem Menschen ist, umso ausgeprägter ist die Fähigkeit dieses Organs beim betreffenden Menschen. Wer große Ohren hat, ist folgerichtig ein guter Zuhörer. Große Augen sind offener für optische Eindrücke, eine große Nase unterstreicht die olfaktorischen Fähigkeiten eines Menschen, und ein großer Mund lässt auf einen kommunikativen, extravertierten Menschen schließen.

Nur: Wann sind Ohren groß, wann klein? Auch dazu gibt es eine Faustregel, die Sie gleich einmal an sich selbst ausprobieren können: Stellen Sie sich vor einen Spiegel und betrachten Sie die Länge Ihres Gesichts vom Kinn bis zu Ihrer Stirn. Wie viele Ihrer Ohren lassen sich auf der gesamten Länge verteilen? Sind es zwei bis drei, dann gehören Sie zur Spezies der guten Zuhörer und verfügen über große Ohren. Könnten Sie sechs bis sieben Ohren unterbringen? Dann haben Sie kleine Ohren. Wenn auf der Länge Ihres Gesichts vier bis fünf Ohren Platz finden würden, haben Ihre Ohren Normalformat.

Menschen mit **großen Ohren** haben einen schöpferischen Geist, sind kreativ, mutig und unternehmungslustig. Sie können andere begeistern, mitreißen und sind zielstrebig und ausdauernd. Prinz Charles, auf den ich vorhin schon zu sprechen kam, hat

51

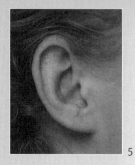
5

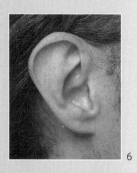
6

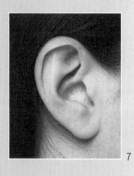
7

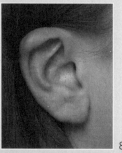
8

nicht nur eine dünne Haut mit durchscheinenden Äderchen, sondern auch große Ohren. Man kann durchaus spekulieren, ob er als Mitglied einer ganz normalen Familie seine kreative Ader anders hätte ausleben können, so dass es weniger Unangenehmes zu schlucken gegeben hätte.

**Normalformatige Ohren** lassen auf Menschen schließen, die grundsätzlich eine positive Einstellung zum Leben haben, zuverlässig und gründlich handeln und den nötigen Weitblick haben. Sie sind herzlich, mitfühlend und erfolgsorientiert.

**Kleinohrige** Menschen haben eine musische Veranlagung, ein feinfühliges Wesen und sind sehr strebsam. Sie sind intelligent und zeigen sich ihren Mitmenschen gegenüber taktvoll und tolerant.

Als **schmalohrig (5)** bezeichnet man Menschen, deren Ohr an der breitesten Stelle, meistens im Bereich des Oberohrs, schmal wirkt. Solche Menschen sind selbstbewusst und willensstark, beharren oft auf ihrer Sicht der Dinge und haben eine durchaus ichbezogene Lebensweise.

Die **Breitohrigen (6)** sind sehr belastbar und geerdet. Diese Menschen wirft so schnell nichts aus der Bahn. Sie können Spannungen aushalten und helfen gerne, Konflikte in ihrem Umfeld zu klären.

**Runde Ohren (7)** stehen für ein Bedürfnis nach Harmonie. Diese Menschen haben hohe Ideale, eine intensive Ausstrahlung und wirken auf andere sehr begeisternd.

**Kantige Ohren (8)** zeugen von der visionären Kraft ihrer Besitzer. Diese Menschen spielen gerne mit verrückten und spleenigen Ideen. Sie möchten etwas hinterlassen, etwas erschaffen, und sind ihren Mitmenschen gedanklich meist einen Schritt weit voraus.

Ist der äußere Rand des Ohres, die **Außenleiste, sehr ausgeprägt (9)**, so lässt dies Rückschlüsse auf einen Menschen zu, der sehr diszipliniert, souverän und zielstrebig vorgeht. Seinen Mitmenschen gegenüber agiert ein solcher Mensch wohlwollend und aufrichtig.

Umgekehrt weisen **Ohren mit schwacher Außenleiste (10)** auf einen Menschen hin, der eher introvertiert und sensitiv ist. Diese Menschen leben oft intensiv in sich und für sich. Ihre Sensibilität zeigt sich häufig in musischen oder künstlerischen Fähigkeiten.

Menschen mit **kleiner Ohrbucht (11)** – bezogen auf die Größe des gesamten Ohres – sind zielgerichtet und klar. Sie sind produktiv, weitblickend und sehr am Machbaren und Praktischen orientiert. Sie gelten als nüchterne Rechner.

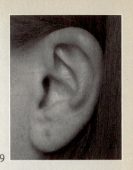
9

10

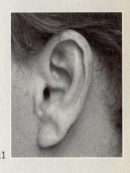
11

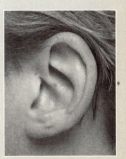
12

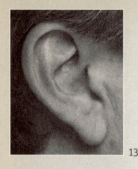
13

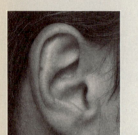
14

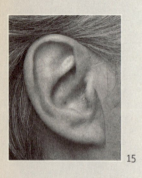
15

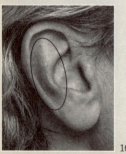
16

Menschen mit **großer Ohrbucht (12)** sind sehr vital und genießen das Leben in vollen Zügen. Sie sind sehr eigenständig und nur schwer zu beeinflussen. Im Ausleben ihrer Gefühle neigen sie unter Umständen zur Maßlosigkeit. Sie lieben es, mit anderen in Kontakt zu sein und kommunizieren sehr gerne und viel.

Je **runder** die Ohrbucht, desto mehr musisches Talent und musikalisches Verständnis hat Ihr Gegenüber. Stellen Sie sich vor, Sie müssten die Ohrbucht verdoppeln: Was käme heraus: ein Herz, ein ovales Gebilde oder ein Kreis?

Auch die Ohrläppchen drücken mancherlei aus. Und das Schöne daran: Die unterschiedlichen Ohrläppchen-Formen sind ganz leicht zu erkennen.

Menschen mit **großen bzw. hängenden Ohrläppchen (13)** sind Träumer, Idealisten und Visionäre. Sie sind gefühlvoll, streben nach Selbstverwirklichung und lassen sich ihre Visionen nicht so einfach nehmen. Meist verfügen sie über eine gute körperliche Konstitution.

**Kleine Ohrläppchen (14)** sprechen umgekehrt für Menschen, die mit Spekulationen und Visionen wenig anfangen können. Diese Menschen sind sehr objektiv, sachlich und unvoreingenommen.

**Leicht angewachsene Ohrläppchen (15)** stehen ebenfalls für rationales und sehr nüchternes Vorgehen. Menschen mit solchen Ohren benötigen finanzielle Sicherheit und sind in ihren Gefühlsäußerungen eher sparsam.

**Stark angewachsene Ohrläppchen** stehen für Rücksichtslosigkeit und Skrupellosigkeit. Diese Menschen sind ausschließlich auf ihren eigenen Vorteil bedacht und neigen zur Manipulation. Ein Vertreter dieser Spezies ist mir bisher noch nicht vor die Linse gekommen. Sie erkennen diese Menschen daran, dass ihre Ohren unmittelbar in den Kopf übergehen.

Mein erstes Übungsobjekt in Sachen Ohrläppchen war mein bester Freund, den Sie weiter oben schon kennengelernt haben. Mir fiel auf, dass ich spontan nicht sagen konnte, wie seine Ohrläppchen aussahen. Ich hatte einfach noch nie darauf geachtet, ob jemand hängende Ohrläppchen oder leicht angewachsene hat. Bei der nächsten sich bietenden Gelegenheit überprüfte ich die Ohren meines Freundes und fand hängende Ohrläppchen. Das war der sichtbare Beweis für sein Einfühlungsvermögen, das er einmal mehr an den Tag legte, als er trotz seiner eigenen Zweifel meine physiognomischen Untersuchungen geduldig über sich ergehen ließ.

Sobald das **Innenohr über das Außenohr (16)** ragt, können wir beim Träger auf ein gut ausgeprägtes Selbstbewusstsein und eine gewisse Extravertiertheit schließen. Wer dieses Merkmal nicht hat, dem ist es nicht so wichtig, sein Ego auszuleben.

Wie es sich mit Innen- und Außenohr verhält, erkennen Sie am besten, wenn Sie Ihr Gegenüber frontal betrachten.

Haben Sie einen Bleistift zur Hand? Dann versuchen Sie mal, ob Sie sich ihn hinters Ohr klemmen können. Klappt das? Dann haben Sie anliegende Ohren. Wenn Ihr Bleistift immer wieder herunterfällt, sind Ihre Ohren abstehend.

Menschen mit **anliegenden Ohren** möchten dazugehören, sind anpassungsfähig, ruhig und besonnen. Je weiter die **Ohren abstehen,**

55

umso unwichtiger ist ihrem Besitzer, was andere denken. Konventionen und Verhaltensregeln müssen und möchten Menschen mit abstehenden Ohren sich nicht anpassen.

Hatte ich Ihnen nicht vorhin versprochen, dass Sie Ihre abstehenden Ohren am Ende dieses Abschnitts mehr mögen werden als je zuvor? Was mich betrifft, bin ich mit meinen Ohren vollauf versöhnt. Leicht abstehend passen sie viel besser zu mir. Meine Unangepasstheit und der Drang nach Selbstverwirklichung haben sich durchgesetzt.

Noch ein letztes Wort zur **Höhe der Ohren:** Je höher sie am Kopf sitzen, desto entscheidungsfreudiger ist ihr Träger. Bilden Sie zum Erkennen der Ohrenhöhe im Gesicht Ihres Gegenübers eine virtuelle Linie von den Augenbrauen zu den Ohren. Je näher die Ohren an den Brauen sind, umso schneller wird der andere Entscheidungen fällen und Sie mit möglicherweise unkonventionellen Lösungen verblüffen.

Tief angesetzte Ohren sind ein Indiz dafür, dass Ihr Gegenüber seine Entscheidungen lieber überschläft und geduldig abwarten kann, bis alle offenen Punkte ausgeräumt sind.

## Übung 4

Jetzt sind Sie wieder dran: Schauen Sie sich noch einmal genau die Dame an, die Sie weiter oben bereits kennengelernt haben. Gehen Sie die oben erklärten Merkmale Punkt für Punkt durch und schreiben Sie Ihre Erkenntnisse auf einen Zettel. Was sagen ihre Gesichtsform und ihre Ohren über die Charaktereigenschaften der Dame aus?
Die Auflösung finden Sie wie immer im Anhang dieses Buches.

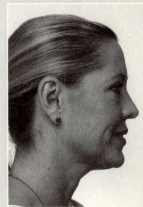

## Der Haaransatz

Lassen Sie Ihren Blick über die Stirn nach oben wandern: Welche Kontur hat der Haaransatz Ihres Gegenübers? Sitzt er hoch oder eher tief?
Ein **tiefer,** relativ weit in die Stirn gezogener Haaransatz kennzeichnet feinfühlige Menschen mit viel Empathie. Er ist typisch für die Romantiker unter uns.
Ein **hoher Haaransatz** oder eine Glatze, also eine freie Stirn, stehen für klar und durchdacht handelnde Menschen, die logisch-vernunftmäßig geprägt sind.

17

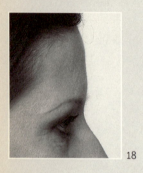

18

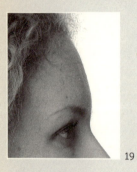

19

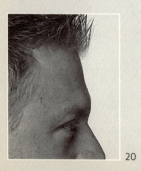

20

Der **»Mickymaus«-Haaransatz (17)** besteht aus zwei etwa in der Mitte der Stirn aufeinandertreffenden Bögen. Ein Mensch mit diesem Haaransatz ist Kreativität pur! Er ist in seinem Denken anderen oft weit voraus, hat ein intensives Vorstellungsvermögen und löst Probleme innovativ und einfallsreich. Man findet diese Menschen überwiegend im künstlerischen und kreativen Bereich.

## Die Stirn

Die Stirn eines Menschen sagt uns viel über seine Art zu denken, sein bildhaftes Vorstellungsvermögen sowie seinen Umgang mit anderen aus.
Die Form der Stirn ist ein Indiz für die Ausdehnung des vorderen Gehirnbereichs.
Auf **Bild 18** haben wir es mit einer **geraden Stirn** zu tun. Sie steht für nachsichtiges und verständnisvolles Handeln. Dieser Mensch ist warmherzig und kann sich sehr gut in andere Menschen einfühlen.
Eine **gewölbte Stirn (19)** ist ein Zeichen für eine gute Beobachtungsgabe und ein ausgeprägtes bildhaftes Vorstellungs-

vermögen. Als »Eselsbrücke« können Sie sich vorstellen, dass sich hinter dieser Stirn eine Bildröhre befindet, die Informationen und Gedanken in Bilder umwandelt.

Menschen mit **hoher Stirn (20)** lassen sich in ihrem Denken und Handeln vom Verstand leiten. Sie gehen an die Probleme des Lebens stets sachlich heran.

Lassen Sie uns an dieser Stelle noch einmal kurz überprüfen, ob Sie tendenziell eher vernunftbetont oder gefühlvoll sind: Verschränken Sie Ihre Hände und Finger wie zum Gebet. Liegt der rechte Daumen über dem linken oder umgekehrt? Probieren Sie aus: Welche der beiden Möglichkeiten fühlt sich vertraut an, welche ungewohnt? Sie können das ganz unmittelbar spüren. Merken Sie sich Ihr Ergebnis, die Auflösung folgt in wenigen Minuten.

Ob Sie eher rational oder eher emotional geprägt sind, hat nämlich etwas mit den beiden Hälften Ihres Gehirns zu tun. Zwar sind beide Hälften über den »Balken« miteinander verbunden und arbeiten ständig zusammen, dennoch können analytisches Denken, Sprechen, das Intellektuelle und Abstrakte eher der linken Gehirnhälfte zugeordnet werden. Die rechte Hirnhälfte steht für die räumliche Orientierung und Kreativität; sie funktioniert visuell. Auch das Körperbewusstsein, Kreativität und Gefühle sind vor allem in der rechten Gehirnhälfte angesiedelt. Sehen Sie die Parallelen zur Aufteilung des Gesichts? Logisch-vernunftmäßig geprägte Menschen sind vorwiegend von der linken Gehirnhälfte gesteuert und haben als wichtigsten Sinneskanal die Ohren, also das Auditive. Der Gefühlvolle und der Ausführende sind über die rechte Gehirnhälfte gesteuert und haben die Augen (visuell) und/oder den Tastsinn (kinästhetisch) besonders stark aktiviert.

Nun zurück zu unserem kleinen Experiment: Liegt Ihr rechter

Daumen über dem linken? Dann sind Sie eher rational geprägt. Liegt hingegen der linke Daumen über dem rechten, tendieren Sie eher in Richtung Gefühl. Moment mal, war das Rationale im Gehirn nicht links angesiedelt und das Emotionale rechts? Ja, aber das Gehirn arbeitet über Kreuz mit den Körperhälften.

In meinen Seminaren sorgt dieser Test regelmäßig für verblüffte Gesichter. Frauen haben übrigens meist (zu etwa 80 Prozent) den linken Daumen oben, Männer meist den rechten – Ausnahmen bestätigen die Regel. Manchmal kommt auch vor, dass jemand sich nicht entscheiden kann, was sich besser anfühlt: rechter Daumen oben oder linker? Bei diesen Menschen sind die gefühlsmäßige und die rationale Seite gleich stark ausgeprägt.

Das Thema lässt sich sehr schön weiterspinnen, indem man das Standbein seines Gegenübers betrachtet. Grundsätzlich haben wir alle ein Standbein, auf dem wir die meiste Zeit verweilen, und ein sogenanntes Spielbein, das weniger ausdauernd belastet ist – der Name ist hier Programm. Auf welchem Bein also steht Ihr Gegenüber? Ist es das rechte oder das linke? Ist das rechte Bein das Standbein, so bestätigt dies eine rationale Prägung. Wenn dazu noch die rechte Hand Ihres Gegenübers sehr aktiv ist, so hat dieser Mensch Freude an aktivem Handeln.

Steht Ihr Gegenüber hingegen auf dem linken Fuß, so ist er oder sie eher gefühlsmäßig geprägt. Eine besonders aktive linke Hand bestätigt diesen Eindruck. Den Linkshändern sagt man nach, dass sie kreativer sind als Rechtshänder. Von vielen bedeutenden Künstlern und Wissenschaftlern ist überliefert, dass sie Linkshänder waren: so etwa Mozart und Beethoven, Albert Einstein und Marie Curie.

Wechselt Ihr Gegenüber das Standbein, so können Sie daraus auf einen »Registerwechsel« vom Emotionalen zum Logischen oder umgekehrt schließen.

Wie Sie sehen, haben Physiognomik und Körpersprache einiges

miteinander zu tun. Wer wir sind, prägt eben nicht nur unser Gesicht, sondern auch unseren Körper und die Art, wie wir ihn bewegen. Um es mit den Worten des bekannten Pantomimen und Körpersprache-Experten Samy Molcho zu sagen: »Habe ich einen Körper oder bin ich mein Körper? Für mich ist die Antwort klar: Solange ich lebe und mit anderen kommuniziere, bin ich mein Körper.«

Übrigens: Je besser die rechte und die linke Gehirnhälfte zusammenarbeiten, desto leichter fällt es uns, Neues zu lernen und zu behalten. Auch ganz rationale Inhalte merken wir uns leichter, wenn wir sie mit Gefühlen verbinden können. Das können Sie nutzen, wenn es darum geht, sich die wichtigsten physiognomischen Merkmale so einzuprägen, dass Sie sie beim Blick in das Gesicht eines anderen Menschen unmittelbar abrufen können. Denken Sie beispielsweise bei Grübchen – wir werden auf sie später in Kapitel 3 noch zu sprechen kommen – einfach an Pippi Langstrumpf. Pippis ansteckend gute Laune und spitzbübische Art machen es Ihnen leichter, sich zu merken, wofür Grübchen stehen.

Haben Sie Lust, die Vernetzung von rechter und linker Gehirnhälfte in einem kleinen Test auszuprobieren? Dann lesen Sie doch bitte folgende zwei Sätze und versuchen sie dann auswendig nachzusprechen: »Ein Zweibein sitzt auf einem Dreibein und isst ein Einbein, da kommt ein Vierbein vorbei und nimmt dem Zweibein das Einbein weg. Da nimmt das Zweibein das Dreibein, haut dem Vierbein auf den Kopf, holt sich das Einbein zurück und verspeist es genüsslich.«
So, nun Sie ...

Wahrscheinlich geht es Ihnen ebenso wie mir, als ich diese Sätze zum ersten Mal hörte. Sie winken jetzt vermutlich genervt ab und denken: Wie soll man sich das auf Anhieb merken können?

Trotzdem, ich verspreche Ihnen, dass Sie den Satz garantiert in 30 Sekunden auswendig hersagen können! Als sprachliches Gebilde erregen die Sätze zunächst einmal die Aufmerksamkeit Ihrer rationalen linken Gehirnhälfte. Die aber findet sie unverständlich und im Übrigen reichlich unstrukturiert: gute Gründe, sich nicht länger damit zu befassen.

Schicken Sie die Sätze doch mal an Ihre kreative, bildhaft-emotionale rechte Gehirnhälfte. Wer könnte das Zweibein sein? Richtig, ein Mensch. Und das Dreibein? Ein Hocker. Das Einbein? Ein Hähnchenschenkel. Und das Vierbein? Ein Hund.

Jetzt können Sie vor Ihrem inneren Auge eine Geschichte entstehen lassen: Ein Mensch (Zweibein) sitzt auf einem Hocker (Dreibein) und isst einen Hähnchenschenkel (Einbein), da kommt ein Vierbein (Hund) und nimmt dem Zweibein (Mensch) das Einbein (Hähnchenschenkel) weg. Da nimmt der Mensch (Zweibein) den Hocker (Dreibein), haut dem Hund (Vierbein) auf den Kopf, holt sich das Einbein (Hähnchenschenkel) zurück und verspeist es genüsslich.

Jetzt haben Sie die Bilder zu den Worten, und es ist viel einfacher, die Sätze erneut abzurufen. Auf dieselbe Weise können Sie sich auch die physiognomischen Merkmale einprägen. Machen wir also weiter …

## Falten

Samy Molchos Überzeugung, dass wir unseren Körper nicht haben, sondern unser Körper sind, lässt sich auch sehr schön auf die Falten eines Menschen übertragen. Lassen Sie sie uns einmal nicht kritisch, sondern liebevoll betrachten. Falten nämlich deuten oft auf positive Eigenschaften hin. Verabschieden wir uns am besten zuerst einmal von der Vorstellung, Falten hätten ausschließlich etwas mit alten Menschen zu tun. Denn schon ab ca. 25 Jahren bildet unser Körper keine Wachstumshormone mehr, und damit beginnt der Prozess der Hautalterung bereits, wenn wir noch richtig junge Leute sind.

Wann wir wo welche Falten bekommen, hat aber außerdem noch etwas mit unseren genetischen Anlagen, mit unseren Lebensgewohnheiten und – jetzt wird es spannend – mit unserer Lebenseinstellung zu tun. Was wir denken, hinterlässt Spuren in unserem Gesicht. Noch bevor wir etwas sagen oder tun, drücken sich unsere Gedanken bereits in unserer Mimik und Körpersprache aus. Mit welchem Gesichtsausdruck wir vornehmlich durchs Leben gehen, bestimmt, welche unserer Gesichtsmuskeln wir vornehmlich trainieren. Die Auswahl ist groß: Wir haben immerhin 52 Muskeln im Gesicht, die rund 10 000 unterschiedliche Gesichtsausdrücke ermöglichen. Unsere Augenmuskeln sind am aktivsten: Sie bewegen sich über 100 000-mal am Tag und auch nachts. Wenn wir herzlich lachen, haben wir das Rundum-Trainingsprogramm: Dann nämlich werden alle Gesichtsmuskeln aktiviert. Und wer hat schon etwas gegen Lachfalten?

Bestimmte Falten lassen Rückschlüsse auf den Gesundheitszustand zu, etwa die sogenannte »Nasolabialfalte«, die von den Nasenflügeln in Richtung Mund verläuft. Normalerweise hat diese Falte die Form eines deutlich sichtbaren, klaren und spitzen V. Ist die Nasolabialfalte fein oder kaum sichtbar, kann daraus auf ein »zartes« Herz geschlossen werden, das durch Ausdauertraining gestärkt werden kann. Fahle, blasse Haut im Bereich der Nasolabialfalte hingegen lässt eine Überforderung vermuten. Hier wäre Ruhe angesagt. Physiognomisch gesehen ist die Nasolabialfalte ein Indikator für »Herzensthemen« wie Enttäuschung, Trauer, Verlust u. ä.

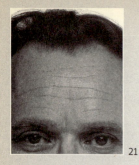
21

22

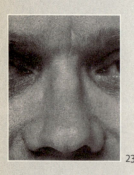
23

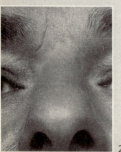
24

**Durchgezogene Stirnquerfalten (21)** sind ein Indiz dafür, dass ihr Träger die Welt und sein Leben ernst und wichtig nimmt. Dieser Mensch besitzt ein gutes Durchhaltevermögen und bringt seine Dinge zu Ende. Damit diese Falten sich dauerhaft einprägen, braucht es wiederholtes Stirnrunzeln. Wenn Ihr Gegenüber im Gespräch etwas sagt und dabei die Stirn runzelt, bedeutet dies, dass das Gesagte ihm oder ihr besonders wichtig ist. Wenn Sie etwas sagen und Ihr Gesprächspartner dabei die Stirn in Falten legt, können Sie davon ausgehen, dass Ihre Äußerung eine besondere Wirkung auf sie oder ihn hat. Dieselbe Bedeutung hat übrigens auch die Zunge, die über die Lippen fährt.

**Unterbrochene Stirnquerfalten** lassen auf einen lebendigen Geist schließen, der immer wieder neue Herausforderungen benötigt. Menschen mit unterbrochenen Stirnquerfalten sind begeisterungsfähig, neigen aber auch dazu, Dinge anzufangen und nicht zu Ende zu bringen. Sie haben viel Unruhe in ihrer Seele und langweilen sich schnell. Senkrechte Stirnfurchen ergeben zusammen mit den Stirnquerfalten ein **Schachbrettmuster (22).** Mit Ausnahme von drei besonderen Falten, die wir uns gleich noch genauer ansehen, sind senkrechte Stirnfalten ein Ausdruck von angestauter Wut. Ihr Träger ist sehr unzufrieden. Er hat Probleme mit sich und/oder seinen Mitmenschen. Je mehr senkrechte Linien sich auf der Stirn befinden, desto mehr hat sich auf dem Frustkonto des betreffenden Menschen angesammelt. Sind die Falten eher rechts (hier wie im Folgenden gilt: vom Träger aus gesehen), spricht das für Ärger im Berufsleben. Sind sie eher links, können Sie daraus auf privates Ungemach schließen.

Couperose – Sie erinnern sich: das sind die kleinen geplatzten Äderchen im Gesicht – ist ein zusätzliches Anzeichen für aufgestaute Wut und Frustration.

Die **senkrechte Beharrlichkeitsfalte (23)** direkt über der Nasenwurzel ist ein Indiz für ein ausgeprägtes Durchhaltevermögen. Ihr Träger besitzt einen starken Geist und Willen und wird den an ihn gestellten Anforderungen gerecht. Was er macht, tut er mit großer Hingabe. Er setzt sich selbst hohe Ziele und neigt zum Idealismus.

Die **pädagogische Falte (24)** verläuft senkrecht an der rechten Seite der Nasenwurzel und zeigt: Dieser Mensch ist in der Lage, andere Menschen zu führen und kann seinen Mitmenschen auch schwierige Sachverhalte einfach und verständlich vermitteln. Die pädagogische Falte ist ein typisches Merkmal für Menschen in Führungspositionen, Training und Coaching.

Die **Gemütsfalte** links von der Nasenwurzel lässt Rückschlüsse auf schwerwiegende, die Seele berührende Ereignisse zu, denen der betreffende Mensch im Laufe seines Lebens ausgesetzt war. Ist die Falte durchgezogen, kann man davon ausgehen, dass das Thema abgeschlossen und bearbeitet ist. Bei unterbrochener Gemütsfalte ist das Thema noch präsent und nicht vollständig verarbeitet. Je tiefer die Falte ist, umso schwerer die zurückliegende Verletzung. Die Gemütsfalte kann auch wieder verschwinden, wenn ein schweres Ereignis überwunden ist.

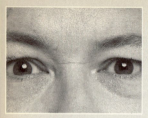

25

26

27

28

Die **Delegationsfalte (25)** verläuft einfach oder mehrfach quer über die Nasenwurzel. Menschen mit dieser Falte können gut Entscheidungen fällen, andere Menschen führen, delegieren und befehlen. Sie stellen sich ihrer Umwelt permanent. Dies kann, muss aber nicht wohlwollend sein. Beim Auswerten der Delegationsfalte ist es wichtig, weitere Merkmale hinzuzuziehen: Findet man bei dem betreffenden Menschen beispielsweise noch eine gerade Stirn, so lässt sich auf eine wohlwollende, empathische Grundeinstellung schließen.

Die **Stirnkanten (26)** bilden die Nahtstelle zwischen abstraktem und praktischem Denken. Je ausgeprägter sie sind, desto besser ist beides miteinander verknüpft: Der betreffende Mensch kann etwas abstrakt entwerfen, es dann aber auch gut in die Tat umsetzen. Architekten, Ingenieure und Ärzte haben oft ausgeprägte Stirnkanten.

Die **Augenbrauenkissen (27)** sind kleine Pölsterchen im Bereich der Augenbrauen. Ihr Träger hat geschickte Hände, mit denen er gut arbeiten kann.

**Lachfalten (28)** verlaufen strahlenförmig meist nach oben vom Auge weg. Sie bilden sich rund um den Augenringmuskel, und das nur, wenn ein Mensch häufig von Herzen lacht. Nur dann nämlich, wenn wir uns wirklich freuen oder Spaß haben, wird beim Lachen der Augenringmuskel aktiviert. Ein aufgesetztes Lachen erkennen Sie also daran, dass die Augen nicht mitlachen. Menschen mit Lachfalten nehmen das Leben von der leichten und positiven Seite. Für sie ist das Glas immer halb voll statt halb leer. Auch in schwierigen Situationen verlieren sie die Hoffnung nicht. Sie sind offen für die Welt und für andere Menschen.

**Gespannte Augenfalten** verlaufen ebenfalls strahlenförmig vom Auge weg, jedoch nach unten bis in den tiefen Wangenbereich. Sie sind Indiz für einen vorsichtigen, verschlossenen, tendenziell misstrauischen Menschen, der an den Dingen oft zuerst das Schwierige, Problematische sieht.

Sie sehen schon: Falten sagen sehr viel aus über die Grundhaltung, mit der wir durchs Leben gehen. Unsere Lebensgeschichte prägt sich – im positiven wie im negativen Sinne – in unser Gesicht ein und trägt enorm zu unserer Ausstrahlung bei. Nicht umsonst sagt man oft, dass Falten das Gesicht eines Menschen interessant machen.

Etwa drei bis vier Mal im Jahr arbeite ich für eine Kreuzfahrtgesellschaft. An Bord des Schiffes gebe ich Workshops zum Thema »Menschen sehen und verstehen« für Passagiere und Besatzung. In den ersten Tagen auf See beobachte ich die Menschen, frage mich, wer sich wohl anfreunden wird, wer die Reise so richtig genießt und Spaß dabei hat und wer sich mit dem Genießen eher schwertut. Meine »Miesmuscheln«, wie ich sie liebevoll nenne, erkenne ich an einer Gruppe von Merkmalen, die wir teilweise schon besprochen haben: Schachbrettmuster auf der Stirn, gespannte Augenfalten, gepaart mit nach unten verlaufenden äußeren Augenwinkeln und Mundwinkeln sowie stark eingegrabenen Nasolabialfalten.

Beim Mittag- und Abendessen wechsle ich gern gelegentlich den Tisch und höre bei den Gesprächen einfach zu, um meine physiognomischen Eindrücke zu überprüfen. Wer wird es wohl sein, der auf dem Schiff früher alles besser fand, beim Essen zu spät nachgelegt bekommt und im Waschbecken ein fremdes Haar findet?

Sie wissen, von welchem Typ Mensch ich rede, es gibt ihn nicht nur auf Kreuzfahrtschiffen. Vertiefen Sie Ihre Studien mit Ihrem physiognomischen Wissen und lassen Sie sich von den betreffenden Menschen nicht die Energie rauben.

**Übung 5**

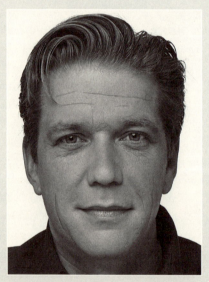

Lassen Sie die unterschiedlichen Falten noch einmal Revue passieren und schauen Sie sich dann das obenstehende Bild an: Was sagen seine Falten über die Eigenschaften dieses Mannes aus?
Die Auflösung steht am Ende des Buches.

# Die Augenregion

Die Augen meiner Mitmenschen sind für mich so etwas wie Bücher. Sie erzählen mir die Geschichte eines Menschen, wie er sich fühlt, was er alles erlebt hat, wie er auf Neues reagiert und vieles andere mehr.

Vor etwa anderthalb Jahren traf ich bei einem Vortrag auf einen sehr interessanten Mann. Nach meinem Auftritt wollte er von mir so viel wie nur möglich über die Physiognomik wissen. Er hatte verhangene, milchig getrübte braune Augen sowie eine tiefe unterbrochene Gemütsfalte. Ich war neugierig, was er mir von sich erzählen würde. Es war die Geschichte einer tiefen Enttäuschung: Er hatte die Liebe seines Lebens gefunden und war schon wenige Monate später von der betreffenden Frau betrogen worden. Seither schützte er sich vor anderen Menschen, schottete sich besonders von Frauen ab und lebte ganz in der Vergangenheit. Wir sind in Kontakt geblieben, und wenn ich ihn jetzt gelegentlich treffe, sind seine Augen nicht mehr wie von milchigen Kontaktlinsen abgeschirmt, sondern klar und vollständig sichtbar. Er hat das Erlebte verarbeitet, sich wieder gefangen und ist offen für eine neue Partnerschaft.

Es ist schön, wenn man solch eine positive Veränderung am Gesicht eines Menschen ablesen kann. Sie sollten das, was Sie in der Physiognomie eines Menschen erkennen, nicht als in Stein gemeißelt betrachten. Unser Gesicht verändert sich im Laufe unseres Lebens ständig, immer im Einklang mit dem, was wir erleben. Bleiben Sie also offen für Veränderung – bei sich selbst und bei anderen.

Doch zurück zu den Augen: Sie befinden sich in der mittleren Region des Gesichts, also in unserer Gefühlszone. Oft werden sie als Spiegel unserer Seele bezeichnet. Zu Recht, denn ein Blick in die Augen eines Menschen genügt, um seinen Seelenzustand

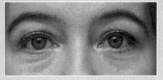
29

30

31

zu erkennen: Sind die Augen trüb, verhangen und glanzlos oder strahlen, lachen, funkeln oder leuchten sie?

Lassen Sie uns beim Blick auf die wichtigsten physiognomischen Kennzeichen der Augenregion mit den Augenbrauen beginnen. Grundsätzlich gilt: Je buschiger und »drahtiger« sie sind, über umso mehr Temperament und Leidenschaft verfügt der betreffende Mensch.

**Zusammengewachsene Augenbrauen** lassen auf Jähzorn und Unberechenbarkeit schließen.

**Spärliche bis nicht vorhandene Augenbrauen** kennzeichnen leidenschaftslose Menschen, die nur im Streit gefühlsmäßige Regungen zeigen. Diese Menschen kümmern sich wenig um die Belange anderer, auch in ihren eigenen Bemühungen sind sie leidenschaftslos.

**Bogenförmige Augenbrauen (29)** findet man bei sehr heiteren Menschen. Ihre Fröhlichkeit und Zufriedenheit mit sich und der Umwelt machen sie zu angenehmen Zeitgenossen; allerdings sind diese Menschen auch sensibel.

**Waagerechte Augenbrauen (30)** kennzeichnen sehr nachdenkliche Menschen, die, ehe sie handeln, die Dinge gedanklich genau abwägen.

**Kurze Augenbrauen** sind Indiz für einen durchsetzungsstarken Charakter mit einem gesunden Maß an Selbstvertrauen und Entschlusskraft.

**Abgewinkelte Brauen (31)** sind ein eindeutiges Kennzeichen für Führungsqualitäten. Diese Menschen können andere anleiten und begleiten, dabei bleiben sie meist sehr sachlich. Konflikte scheuen diese Menschen nicht; im Gegenteil: Sie haben Spaß daran.

Menschen mit **tiefsitzenden Augenbrauen** sind häufig in ihrem Denken sehr kreativ und konzentrationsstark. Gleichzeitig sind sie spontan und neigen dazu, mit ihren Einfällen unmittelbar herauszuplatzen.

**Hochsitzende Augenbrauen** kennzeichnen sensible Menschen, die dazu neigen, Dinge zu persönlich zu nehmen. Ihre Ideen halten sie so lange unter Verschluss, bis diese ausgegoren sind.

Und die Farbe der Augen?

Ein Mensch mit **blauen Augen** ist seinen Idealen treu, großzügig, aufgeschlossen, verträglich und geduldig. Er hat ein sanftmütiges, verträumtes Wesen.

**Grauäugige** Menschen verhalten sich anderen gegenüber meist vorsichtig und distanziert. Interesse und Mitgefühl für andere entwickeln sie erst nach und nach.

Menschen mit **grünen Augen** sind begeisterungsfähig, sinnlich und leidenschaftlich in ihrem Wesen, aber auch wankelmütig in Entscheidungen.

**Braune Augen** sind Kennzeichen für ein intensives Gefühlsleben, Geselligkeit und Lebensfreude. In ihren Handlungen sind diese Menschen mitunter unbeherrscht.

**Schwarze Augen** signalisieren Unberechenbarkeit, Unergründlichkeit und eine gering ausgeprägte Fähigkeit zur Selbstbeherrschung. Eigene Ziele verfolgen diese Menschen beharrlich.

Für die Pathophysiognomik spielt auch das Augenweiß eines

32

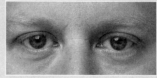
33

34

Menschen eine Rolle. Ist es gelblich getönt, könnte das ein Hinweis auf eine Störung der Leberfunktion sein. Gerötetes Augenweiß wird als Zeichen unterdrückter Wut interpretiert.

Auch die Farbe des **Unterlids** ist physiognomisch bedeutsam: Eine zarte Blaufärbung ist ein Indiz für Sensibilität: Die betreffenden Menschen sollten besonders darauf achten, Belastungen in ihrem Leben nicht zu groß werden zu lassen. Ist das untere Augenlid dunkel bis schwarz verfärbt, liegt meist eine akute Überlastung vor, evtl. sogar ein Burnout. Der betroffene Mensch braucht dringend Ruhe und Abstand.

Wenn Sie Ihrem Gegenüber in die Augen schauen, lohnt es sich, auch auf deren Form und Größe zu achten.

**Große Augen (32)** sind ein Indiz für ein ausgeprägtes Sprach- und Kommunikationstalent. Dieser Mensch bringt Offenheit für Neues und eine natürliche Wissbegier mit. Denken Sie hier ruhig wieder an den grundsätzlichen Zusammenhang zwischen der Größe eines Sinnesorgans und seiner Wahrnehmungsfähigkeit: Große Augen sehen viel.

Menschen mit **kleinen Augen (33)** sind gründlich und akribisch. Entscheidungen treffen sie vorsichtig und erst nach genauem Abwägen.

**Schmal länglich geformte Augen (34)** sind Kennzeichen eines guten Beobachters. Das sind die Leute, die sofort bemerken, dass man eine neue Brille hat oder sein Haar anders trägt. Auf andere können diese Menschen sensibel eingehen.
Auch der Neigungswinkel der Augen sagt Ihnen beim Gesichterlesen etwas.

## Übung 6

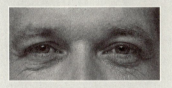

Schauen Sie sich doch einmal diese drei Bilder an. Welchen Neigungswinkel haben die Augen? Verläuft er nach oben, nach unten oder stehen die Augen ganz gerade im Gesicht? Ein Tipp: Verbinden Sie den inneren und äußeren Augenwinkel der Personen mit einem Lineal. Liegt es schräg nach oben, nach unten oder gerade?
Die Auflösung finden Sie wie immer im Anhang dieses Buches.

Beim Gesichterlesen in »freier Wildbahn« ziehen Sie ein virtuelles Lineal zu Rate, nach einigen Tagen Übung funktioniert das recht gut.
Je deutlicher die **Augen aufwärts ausgerichtet** sind, desto idealisti-

scher, optimistischer und risikofreudiger ist der betreffende Mensch. Er stellt hohe Ansprüche an sein Umfeld, was oft für Konflikte sorgt. Seine größte Schwäche besteht darin, dass er zur Verdrängung neigt.

**Gerade Augen** kennzeichnen den Realisten, der keine ausgesprochene Neigung zum Optimismus oder Pessimismus hat, sondern die Dinge sieht, wie sie eben sind. Diese Menschen sind geistig flexibel; sie können sich gut auf wechselnde Situationen und Umstände einstellen.

Menschen mit **nach unten ausgerichteten Augen** sind die Beziehungsexperten unter uns. Sie sind sehr mitfühlend und können gut zuhören (achten Sie darauf, ob ein Mensch mit solchen Augen auch große Ohren hat: Beides tritt sehr häufig in Kombination auf). Oft sehen sie Lösungen, die allen anderen völlig entgangen sind. Genauso gut allerdings sehen sie auch Probleme: Diese Menschen neigen zum Pessimismus.

Bei meiner Arbeit auf Kreuzfahrtschiffen erlebe ich jedes Mal wunderbare, lustige oder auch berührende Geschichten. An Weihnachten 2009 gab es einen Mann an Bord, der ganz unverkennbar auf der Suche nach einer Partnerin beziehungsweise einer Begleitung war. Als allein reisende Frau erregte ich natürlich sein besonderes Augenmerk. So kamen wir gleich am ersten Tag miteinander ins Gespräch. Mir fielen seine deutlich nach unten gerichteten Augen auf, ebenso die herabgezogenen Mundwinkel und eine ausgeprägte Gemütsfalte. Alles in allem wirkte sein Gesicht wie aus der Fasson geraten. Und das galt in der Tat auch für sein Leben: Nach 20 Ehejahren war er von seiner Frau verlassen worden und kam damit überhaupt nicht zurecht. Sein Selbstbewusstsein war deutlich angeschlagen. Doch am Ende der Reise, nach zwei Wochen Sonne, neuen Bekanntschaften und Ablenkung war die Gemütsfalte flacher, Mund- und Augenwinkel standen annähernd gerade: gute Voraussetzungen, um sein Leben nach dem Verlust unter anderen Vorzeichen wieder aufzunehmen.

Neben der Ausrichtung der Augen sollten Sie beim Gesichterlesen stets auch auf den Augenabstand achten. Nur: Wie können Sie erkennen, ob die Augen Ihres Gegenübers eher weit auseinander-, normal oder eng zusammenstehen?

Augenoptiker betrachten den Augenabstand als »normal«, wenn er von der Mitte des einen Auges bis zur Mitte des anderen etwa sechs bis sechseinhalb Zentimeter beträgt. Sie sind im Alltag meist ohne Zollstock unterwegs? Dann gibt es auch eine einfachere Methode, den Augenabstand zu schätzen. Sie funktioniert ähnlich wie bei den Ohren: Schauen Sie, ob im Gesicht Ihres Gegenübers ein drittes Auge zwischen die vorhandenen Augen passen würde. Lässt es sich vor Ihrem inneren Auge passgenau einfügen, können Sie von einem normalen Augenabstand ausgehen. Passt in die Lücke zwischen den Augen mehr als ein weiteres Auge, hat Ihr Gegenüber einen weiten Augenabstand, ist es weniger als ein drittes Auge, ist der Augenabstand eng.

Ein **weiter Augenabstand (35)** kennzeichnet die Weitblickenden unter uns. Diese Menschen haben ein großes visionäres Potenzial. Oft sind sie Vorreiter für eine bestimmte Sache, verfügen jedoch gleichzeitig über innere Ruhe und handeln meist bedacht. Darüber hinaus wird diesen Menschen ein gewisser Hang zur Romantik nachgesagt. Erinnern Sie sich, woran man Visionäre noch erkennen kann? Es sind die kantigen Ohren!

In einem meiner Seminare saß eine ausnehmend schöne Frau mit großen blauen, weit auseinanderstehenden Augen. Allerdings fand sie selbst ihre Augen keineswegs groß, und das, obwohl sie die Materie in der für Großäugige ganz typischen Weise aufsaugte und sehr schnell einschätzen konnte, wo und wie sie ihre neuen Kenntnisse in Zukunft einsetzen würde. Darüber hinaus war sie eine ausgesprochene Romantikerin und konnte

35

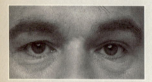
36

37

38

sich vor männlichen Annäherungsversuchen kaum retten. Mit ihren großen Augen, vollen Lippen und einer kleinen Nase weckte sie in Männern den Beschützerinstinkt.

Sie selbst allerdings stritt jede besondere Wirkung auf andere Menschen ab und empfand ihr Aussehen keineswegs als etwas Besonderes. Gerade bei Menschen mit schönen, ebenmäßigen Gesichtern erlebe ich immer wieder, dass sie besonders kritisch mit sich selbst sind.

Ein Mensch mit **engem Augenabstand (36)** kann sich sehr gut konzentrieren, seiner geistigen Aufmerksamkeit entgeht so schnell nichts. Diese Menschen haben eine Begabung für feine Handarbeiten, künstlerisches Arbeiten und auch für Konzentrations-Sportarten wie etwa Golf. In Bezug auf andere können sie sich als große Kritiker erweisen.

Nehmen Sie mal einen Spiegel zur Hand. Wo sitzen Ihre Augen – tief in der Augenhöhle wie beispielsweise bei George W. Bush? Oder stehen sie umgekehrt etwas vor? Bei den meisten von uns befinden sich die Augen irgendwo dazwischen, liegen also ganz normal im Kopf.

**Tiefliegende Augen** sind Kennzeichen eines introvertierten Naturells. Diese Menschen werden nur selten den ersten Schritt auf jemand anderen zu machen. Unter Umständen neigen sie zu grundlegendem Misstrauen gegen andere und die Welt.

**Vorstehende Augen** werden pathophysiognomisch als Indiz für unterschiedliche Krankheitsbilder gedeutet. Unabhängig davon können Sie davon ausgehen, dass Menschen mit vorstehenden Augen sehr engagiert und neugierig sind und gerne im Vordergrund stehen.

Liegen die Augen ganz normal im Kopf, so gibt es, ebenso wie beim normalen Augenabstand, physiognomisch nichts Besonderes zu deuten. Umso genauer sollten Sie stattdessen auf den Pupillenstand achten, er ist ein wichtiges physiognomisches Kennzeichen. Mit »Pupillenstand« ist die Höhe der Pupillen im Auge gemeint. Sie ermitteln ihn genau wie den Neigungswinkel der Augen, indem Sie eine virtuelle Linie vom Eingang des Tränenkanals bis zum äußeren Augenwinkel ziehen. Liegt die Pupille oberhalb, unterhalb oder genau auf dieser Linie?

Menschen mit **erhöhtem Pupillenstand (37)** besitzen eine besonders schnelle und gute Auffassungsgabe. Sie können sich rasch in neue Aufgabengebiete einarbeiten, sind geistig flexibel und wach. In Gesprächen langweilen sie sich schnell, weil sie gedanklich schon weit voraus sind. Wenn Sie beruflich mit einem solchen Menschen zu tun haben, sollten Sie Ihre Informationen sehr knapp halten und lieber aktiv nachfragen, was Ihr Gesprächspartner von Ihnen noch wissen möchte. So vermeiden Sie, dass er sich desinteressiert anderen Dingen zuwendet.

Bei **normalem Pupillenstand (38)** verfügt ein Mensch über eine gute Auffassungsgabe.

Den **tiefen Pupillenstand** findet man nur sehr selten, er kennzeichnet Menschen mit einer langsamen bis phlegmatischen Denkweise. Um mit neuen Aufgaben zurechtzukommen, be-

39

40

41

42

nötigen sie ausführlichere Erklärungen und/oder praktische Hilfestellung.

Ebenso aussagekräftig wie der Pupillenstand ist der Abstand zwischen Auge und Augenbraue. Schauen Sie sich **Bild 39** an: Wo ist der Abstand zwischen Auge und Augenbraue am größten?

Am **inneren** Auge, dem sogenannten **ersten Bereich**. Dies charakterisiert einen analytisch-systematisch vorgehenden Menschen, der sich eine Strategie überlegt, bevor er loslegt und zur Absicherung gerne mit Checklisten arbeitet. Befindet sich der größte Abstand Auge – Augenbraue über der **Mitte** des Auges, im **zweiten Bereich (40),** haben Sie es mit einem kommunikations- und sprachbegabten Menschen zu tun, der im Umgang mit anderen keine Berührungsängste hat und unbefangen auf andere zugeht. Fremdsprachen lernt dieser Mensch schnell, und in seiner Muttersprache ist sein Wortschatz meist größer als der anderer Menschen. Allerdings muss dem Betreffenden diese Begabung selbst nicht unbedingt bewusst sein; wenn seine oder ihre besonderen Fähigkeiten bisher nicht gefordert und gefördert wurden, schlummern sie möglicherweise noch im Verborgenen. Um Talente zu entdecken und zu entwickeln, ist es jedoch nie zu spät.

Auf **Bild 41** befindet sich der größte Abstand Auge – Augenbraue ganz deutlich im **äußeren** Bereich des Auges, dem sogenannten **dritten Bereich.** Dieser Mensch ist sehr sorgfältig und akribisch, bis hin zum Perfektionismus. Diese Grundhaltung kann sich auf einzelne Tätigkeiten, aber auch auf das gesamte Leben beziehen.

Und was würden Sie hier konstatieren? Der Abstand ist in allen drei Bereichen gleich, dieser Mensch ist in Bezug auf die oben beschriebenen Fähigkeiten ein **Allrounder (42).**

Zu guter Letzt noch ein Wort zu den **Wimpern.**

Physiognomisch betrachtet sind Wimpern, ebenso wie unsere Haare, »Antennen« nach außen. Ihre Beschaffenheit sagt also etwas über unser Verhältnis zur Außenwelt.

**Feine Wimpern** sind charakteristisch für sensible und verletzliche Menschen, die dazu neigen, sich selbst unter Erfolgsdruck zu setzen. Je weniger Wimpern vorhanden sind, desto ausgeprägter sind diese Wesenszüge.

Umgekehrt deuten **viele, stabile Wimpern** auf einen zwar ebenfalls feinfühligen, jedoch weniger verletzlichen, robusten Menschen hin.

Das hängt natürlich damit zusammen, dass Wimpern aus biologischer Sicht eine Schutzfunktion haben: Sie hindern Schmutzpartikel und kleine Insekten daran, in unsere Augen einzudringen. Am oberen Augenlid sind die Wimpern zahlreicher (150–250 Härchen) und länger (8–12 mm) als am unteren Lid (50–150 Härchen, 6–8 mm lang). Damit sie unsere Sicht nicht beeinträchtigen, sind sie leicht gebogen. Das ist nicht nur praktisch, sondern auch sehr dekorativ. Wer von uns kann sich nicht an den einen oder anderen beeindruckenden Augenaufschlag erinnern? Ganz klar: Wimpern haben neben ihrer biologischen auch eine soziale Funktion.

# Übung 7

Um die Augen insgesamt noch einmal Revue passieren zu lassen, möchte ich Sie bitten, die wunderschönen Augen dieser Dame zu lesen. Welche Merkmale weisen sie auf, und was sagen diese Merkmale aus?
Die Lösung steht wiederum am Ende des Buches.

## Die Wangenknochen

Die Ausprägung des Jochbeins im Gesicht eines Menschen sagt uns etwas über seinen Umgang mit anderen und seine Gewohnheiten.
**Vorstehende, ausgeprägte Wangenknochen (43)** kennzeichnen Menschen mit Führungsqualitäten. Diese Menschen lieben es, im Rampenlicht zu stehen und sind aufgeschlossen für Neues und Veränderung. Bei anderen sind sie oft für ihren resoluten, selbstbewussten Stil bekannt.
Erinnern Sie sich noch an ein weiteres Führungsmerkmal, das Sie bereits kennengelernt haben? Richtig: die Delegationsfalte. Auch abgewinkelte Augenbrauen (meist im zweiten oder dritten Bereich) sind ein Hinweis auf sachliches und objektives Führungsverhalten.
Diese Dame hingegen hat **schmale und wenig sichtbare Wangen-**

43   44

**knochen (44).** Sie strebt behutsamer und einfühlsamer nach Macht. Die Meinung anderer ist ihr wichtig, im Umgang mit anderen ist sie diplomatisch. Sie hält gerne an Bewährtem fest und kann zu Unsicherheiten neigen.
**Einbuchtungen unter den Wangenknochen (43)** lassen auf einen Menschen schließen, der den Körperkontakt zu anderen Menschen sucht. Ohne Zärtlichkeiten und Berührungen kann dieser Mensch schlecht sein. Die Einbuchtungen werden darum auch »Kuschelkuhlen« genannt.
Als ich 2007 mein letztes Arbeitsverhältnis als Angestellte kündigte und mich selbständig machte, hatte ich eine quadratische Gesichtsform, stark ausgeprägte Wangenknochen, fast keine Oberlippe, einen geraden Mund sowie gerade Augenwinkel – lauter physiognomische »Vernunft«-Merkmale. Inzwischen sind meine Wangenknochen weniger ausgeprägt, die Gesichtsform ist weicher, meine Oberlippe ist genauso groß wie meine Unterlippe und meine Mund- und Augenwinkel zeigen nach oben. Die berufliche Selbständigkeit hat mich verändert. Das Gesicht war ursprünglich mal sehr kantig, geht heute ins Ovale, die Wangenknochen sind nur noch mäßig ausgeprägt. Das

alles spricht dafür, dass ich mich nicht mehr auf Teufel komm raus durchboxen muss, harmonischer im Umgang mit mir selbst und anderen, gelassener und emotionaler geworden bin und meinen sehr ausgeprägten Perfektionismus hinter mir gelassen habe. Ich kann heute über Rechtschreibfehler in meinen Unterlagen lachen – früher hätte ein solches Erlebnis meinen Tag verdorben.

**Übung 8**

Nach allem, was Sie bisher gelernt haben: Wie sieht für Sie das Gesicht einer idealen Führungskraft aus? Sie sollte willensstark und selbstbewusst sein, offen und bereit für Neues, diplomatisch, emphatisch und kommunikativ, aber nicht konfliktscheu.

Nun Sie: Beschreiben Sie die einschlägigen physiognomischen Merkmale. Ob Sie richtig liegen, können Sie wie immer im Anhang nachlesen.

## Die Nase

Sie ist ein im Wortsinne hervorstechendes Merkmal des menschlichen Gesichts – und ein vielfach ungeliebtes. In Deutschland werden jährlich rund 400 000 Schönheitsoperationen durchgeführt, überwiegend an Frauen, Tendenz steigend. Der Grund ist meist eine psychische Belastung oder mangelndes Selbstbewusstsein, hervorgerufen durch Unzufriedenheit mit dem eigenen Äußeren. Bei ästhetischen Operationen im Gesicht werden am häufigsten Nase und Ohren korrigiert.

Dass Menschen ihre Nase nicht mögen, ist kein neuzeitliches Phänomen: Schon im alten Ägypten, vor immerhin fast 4000 Jahren, wurden kosmetische Operationen vorgenommen. Aus

Indien sind seit 600 v. Chr. Verfahren zur operativen Rekonstruktion der Nase aus der Stirnhaut überliefert. Sie waren allerdings nicht aus dem Wunsch nach makelloser Schönheit geboren, sondern dienten der Wiederherstellung abgeschnittener Nasen – eine seinerzeit übliche Strafmaßnahme für Verbrecher. Mittlerweile ist die Schönheitschirurgie ein nahezu selbstverständlicher Teil der Medizin geworden. In Ländern wie den USA oder Brasilien sind Schönheitsoperationen schon fast der Normalfall.

Nach einer Schönheitsoperation verändert sich unter Umständen auch das Verhalten eines Menschen: Er nimmt die in seiner neuen Nase, den angelegten Ohren, den volleren Lippen ausgedrückten Eigenschaften an. Umgekehrt kann es aber auch passieren, dass weniger geliebte physiognomische Eigenarten sich auch nach einer Operation wieder bemerkbar machen. Von meinen Ohren, die sich partout nicht komplett an den Kopf anlegen mochten, habe ich Ihnen schon erzählt. Vergangenes Jahr hatte ich in einem meiner Kurse eine Teilnehmerin, die lange Jahre unter einem Höcker im mittleren Bereich des Nasenrückens gelitten hatte. Sie entschied sich für eine operative Korrektur, und drei Monate später war der Höcker wieder da – ein Phänomen, das sich wissenschaftlich nicht erklären lässt. Meine Teilnehmerin reklamierte bei ihrem Chirurgen. Der Höcker wurde ein weiteres Mal entfernt und ließ sich dieses Mal bis zur Rückkehr immerhin vier Monate Zeit. Manche Dinge lassen sich offenbar einfach nicht verändern! Gleich werden Sie erfahren, wofür der Nasenhöcker in der Physiognomik steht. Als Controlling-Mitarbeiterin eines Unternehmens benötigt meine Teilnehmerin diese Eigenschaft übrigens dringend.

Viele meiner Seminarteilnehmer beschweren sich über ihre Nase. Dem einen ist sie zu dick, dem anderen zu groß, einem dritten zu lang. Manche stören sich daran, dass der Nasenrücken nicht

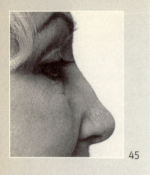

45

46

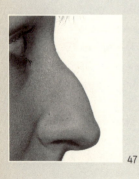

47

gerade, sondern wellenförmig verläuft. Arme Nase! Wenn Sie weiterlesen, erfahren Sie, was es mit geschwungenen Nasenrücken, großen und kleinen Nasen auf sich hat. Und, wer weiß: Vielleicht lernen Sie Ihre Nase ja doch noch lieben. Zumindest aber werden Sie in Zukunft besser mit ihr leben können.

Stellen Sie sich die Nase mal als Rutschbahn vor. Oben an der Nasenwurzel wird losgerutscht. Bei einer glatten Nase saust man in einem Schwung bis zur Spitze. Gibt es hingegen bereits in den ersten Zentimetern eine Welle oder Delle, wird der Rutschvorgang bereits nach wenigen Sekunden wieder abgebremst. Sie dürfen die Metapher durchaus wörtlich nehmen:

Ein Mensch mit **fließendem Übergang von der Nasenwurzel zur Nase (45)** bzw. **geradem Nasenrücken** neigt zur Ungeduld und ist mitunter kaum aufzuhalten. Hat er sich für etwas entschieden, möchte er sofort loslegen und rasch Ergebnisse sehen. Bei Menschen mit einer Dominanz im Bereich des Ausführens verstärkt sich diese Tendenz.

Bei einer **Beuge im Übergang von der Nasenwurzel zur Nase (46)** bzw. **im Nasenrücken** ist ein Mensch in der Lage, einen Denkvorgang abzubrechen und sich neu zu orientieren. Für seine Entscidungen nimmt er sich die Zeit, die er benötigt. Diese Tendenz ist wiederum verstärkt bei einem Menschen, in dessen Gesicht der Bereich des Rationalen am stärksten ausgeprägt ist.

Gibt es im Übergang Nasenwurzel – Nase oder im Verlauf des Nasenrückens einen **Nasenhöcker (47),** ist der dazugehörige Mensch sehr genau. Er oder sie arbeitet langsam und akribisch und benötigt unter Umständen klare Aussagen.

In einem meiner letzten Seminare hatte ich eine Kinderärztin mit ihrer Sprechstundenhilfe zu Gast. Die beiden arbeiteten schon seit 17 Jahren zusammen. Die Ärztin hatte viele physiognomische Merkmale für Offenheit, Neugierde und Vorwärtsdrang – offene, große Augen, unterbrochene Stirnquerfalten, hohe Wangenknochen – und war tatsächlich immer auf der Suche nach Möglichkeiten, ihr Angebot noch zu erweitern. Ihre Sprechstundenhilfe war physiognomisch die Realistin, mit geraden Augen- und Mundwinkeln, Nasenkanten, wenig sichtbaren Wangenknochen und dem größten Abstand Augenbraue – Auge im dritten Bereich. Sie war bestrebt, die Abläufe in der Praxis zu optimieren. Im mittleren Drittel ihrer Nase fanden wir eine Welle. Könnte es sein, fragte ich die beiden, dass die Ärztin sich von ihrer Sprechstundenhilfe des öfteren mal ausgebremst fühlte, weil diese Neuerungen zunächst einmal in Frage stellte und erst nach einer Erprobungsphase zuließ? Tatsächlich bestätigten mir beide Frauen, dass es diesbezüglich immer wieder Diskussionsbedarf gab.

Lassen Sie uns noch einen genaueren Blick auf den **Nasenrücken** werfen. Ist er breit, so wird aus der Rutschbahn eine Autobahn, auf der sich richtig Gas geben lässt. Ein **breiter Nasenrücken** steht für Belastbarkeit. Wird eine an der Wurzel schon recht breite Nase zur Spitze hin noch breiter, läuft ihr Besitzer unter Zeitdruck erst so richtig zur Hochform auf. Das Belastbarkeits-Zeichen breiter Nasenrücken wird noch verstärkt, wenn auch die Ohren des betreffenden Menschen breit sind.

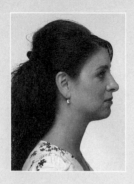 

Am fließenden Nasenrücken dieser jungen Frau erkennen Sie, dass sie schnell in der Umsetzung ist und zur Ungeduld neigt. Gleichzeitig ist sie sehr belastbar und kann gut unter Druck arbeiten.

Sie haben sicher schon darauf gewartet: Natürlich hat auch die Größe der Nase in der Physiognomik etwas zu bedeuten.

Eine **kleine Nase** ist Indiz für einen arbeitsamen Menschen. Ihr Besitzer liebt das, was er tut, und geht es resolut an. Oft kommt er damit allerdings an seine physischen und psychischen Grenzen.

Menschen, die eine **lange, schmale Nase** haben, sind eigenständig und vertrauen am liebsten auf sich selbst. Sie sind im Denken und Handeln sehr gründlich und umsichtig und gehen gerne analytisch und systematisch vor.

Eine **Stupsnase** signalisiert: Diesem Menschen kann man kein X für ein U vormachen. Er verfügt über reichlich gesunden Menschenverstand und lässt sich nur schwer hinters Licht führen. Das gilt erst recht, wenn zusätzlich zur Stupsnase auch noch eine dreieckige Gesichtsform vorliegt. Mitunter gibt es bei diesen Menschen einen Hang zur Selbstgefälligkeit.

Leider ist mir der perfekte Repräsentant einer **platten Nase** noch nicht vor die Kamera gekommen. Menschen mit diesem Merkmal tun sich schwer damit, die Meinungen und Ansichten anderer Menschen zu akzeptieren. Bei der Arbeit, die gerne körperlich sein darf, können sie kraftvoll zupacken.

48

Jetzt sind wir bei der Nasenspitze angelangt:
Zeigt die **Nasenspitze nach unten (48)**, so signalisiert dies, dass der Träger dieser Nase im Leben etwas erreichen, etwas hinterlassen möchte. Er hat große Visionen. Physiognomische Merkmale, die diesen Eindruck verstärken, sind kantige Ohren, große Ohrläppchen und blaue Augen.

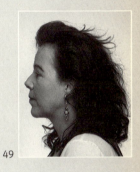
49

Ist die **Nasenspitze nach oben (49)** gerichtet, lässt sich daraus eine Tendenz zur Oberflächlichkeit ableiten, ebenso wie eine eher gering ausgeprägte Bereitschaft, andere am eigenen Leben teilhaben zu lassen.

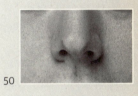
50

Von **Nasenkanten (50)** spricht die Physiognomik, wenn in dem Bereich, in dem der Nasenrücken auf die Nasenflügel trifft, rechts und links zwei kleine Kanten entstehen, so wie bei diesem Mann. Dieses Merkmal signalisiert ein ständiges Bemühen um Optimierung. Wir können davon ausgehen, dass

51

dieser Mensch das, was er tut, immer wieder reflektiert, um es weiter zu optimieren.

Zwischen Nase und Mund befindet sich das **Philtrum,** der Lippensteg. Er besteht aus zwei vertikalen, parallel verlaufenden Erhebungen mit einer Einbuchtung in der Mitte. An der Innenseite Ihres Mundes finden Sie in diesem Bereich das sogenannte »Lippenbändchen«. Je ausgeprägter außen das Philtrum, desto ausgeprägter ist auch innen das Lippenbändchen. Achtung: Je ausgeprägter das Philtrum, desto größer die Wahrscheinlichkeit, dass man Sie als sexy betrachtet. Haben Sie Ihren Spiegel zur Hand?

Die junge Dame auf **Bild 51** hat von meinen Fotomodellen das ausgeprägteste **Philtrum.**

Schauen Sie sich **Bild 52** und **Bild 53** an. Was fällt Ihnen bei meinen beiden Modellen bezüglich des Übergangs Nase – Oberlippe auf?

Der Übergang bei der Dame ist sehr kurz, seiner sehr groß. Was hat es damit auf sich?

Je **größer** der **Übergang Nase – Oberlippe,** desto ausgeprägter ist der Macht- und Dominanzanspruch des betreffenden Menschen. Ein Mensch mit großem Abstand zwischen Nase und Oberlippe will führen und etwas bewegen. Ob er dies zum Wohl aller tut oder eher egoistisch agiert, zeigt sich im nächsten Merkmal:

Ist die **Oberlippe leicht nach außen geschwungen (54),** können Sie davon ausgehen, dass der betreffende Mensch grundsätzlich wohlwollend ist und die Belange seiner Mitmenschen bis zu einem gewissen Punkt berücksichtigt. Dies gilt umso mehr, wenn er dazu noch eine Delegationsfalte und eine gerade Stirn aufweist – beides Merkmale für emphatisches und diplomatisches Verhalten.

Ist die **Oberlippe gerade oder nach innen geschwungen (55),** kann dies als Anzeichen dafür gewertet werden, dass der betreffende Mensch die eigenen Interessen deutlicher in den Vordergrund stellt. Unter Umständen kann dies bis zum Egomanischen gehen. Achten Sie jedoch, bevor Sie sich ein Urteil bilden, darauf, ob Sie im Gesicht der betreffenden Person nicht doch die weiter oben erwähnten anderen Kennzeichen für Empathie finden. Sollte dies allerdings nicht der Fall sein, können Sie sich darauf gefasst machen, dass mit diesem Menschen nicht gut Kirschen essen ist.

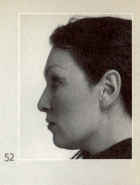
52

53

## Die Lippen

Unsere Lippen sind eine der Hauptattraktionen in unserem Gesicht. Sie bewegen sich rund 15 000-mal am Tag und sind stark am Ausdruck von Gefühlen beteiligt. Vielfach können wir allein durch einen Blick auf die Lippen eines Menschen dessen Gemütszustand bestimmen. So sind etwa hochgezogene Mundwinkel meist ein Anzeichen für Freude, gerade oder herabgezogene Mundwinkel eines für Trauer.

Die Lippen gehören zu den äußeren Schleimhäuten und sind, da sie nicht

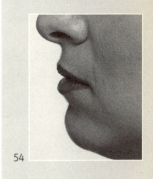
54

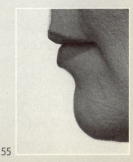
55

über Talg- und Schweißdrüsen oder Haare verfügen, besonders wenig geschützt und sensibel. Weil sich in ihnen viele Nervenenden befinden, gelten sie als erogene Zone. Als Teil unseres Tastsinnes reagieren die Lippen sehr empfindlich auf Berührungen, Wärme und Kälte. Mit den eigenen Lippen die eines anderen Menschen zu berühren ist der Inbegriff von Nähe, Zärtlichkeit und Zuneigung.

Ob Lippen als schön empfunden werden, ist neben einer symmetrischen Form und einem gesunden Aussehen insbesondere davon abhängig, wie voll sie sind: Je voller die Lippen, als desto schöner gelten sie.

Unsere Lippen können sich im Laufe des Lebens verändern – ich habe Ihnen weiter oben schon von der Metamorphose meiner Oberlippe erzählt. In einem meiner Kurse berichtete eine Teilnehmerin, dass ihre stets sehr volle Oberlippe während der überaus schmerzhaften Trennung von ihrem Mann fast über Nacht verschwand und sich in einen dünnen Strich verwandelte. Die Oberlippe steht in der Physiognomik für Geben und Gefühle. Die besagte Teilnehmerin war während und unmittelbar nach der Trennung nicht mehr in der Lage zu geben. Sie hatte eine innere Schutzhaltung eingenommen. Fünf Jahre nach der Scheidung kam die Oberlippe nach und nach zurück.

Unsere Lippen verändern sich übrigens permanent. Schauen Sie sich Ihren Mund einmal morgens nach dem Aufstehen und am Ende des Tages genau an. Sie werden überrascht sein!

Lassen Sie uns die Lippen noch weiter von ihrer physiognomischen Seite betrachten:

Der **Amorbogen (56)** (auch »Lippenherz« genannt) ist der kleine zweifache Schwung, den die Oberlippe am Philtrum macht. Ein **schön ausgeprägter Amorbogen** signalisiert ein starkes Einfühlungsvermögen für Menschen und Situationen. Geht er einher mit einer geraden Stirn, der Delegationfalte und einer nach außen gewölbten Oberlippe, haben Sie es mit einem wahren »Menschenversteher« zu tun.

Ist der **Amorbogen nicht vorhanden (57)**, können Sie daraus auf einen introvertierten Menschen schließen, der zur Unnachgiebigkeit neigt und wenig Offenheit für die Belange anderer mitbringt.

Eine **fleischige Oberlippe (58)** ist ein Kennzeichen für ein tiefes Gefühls- und Seelenleben. Dieser Mensch ist sehr sinnlich und lebt seine Gefühle im Allgemeinen aus.

Ist die **Oberlippe** hingegen **kaum vorhanden (59)**, haben wir es mit einem rationalen Menschen zu tun, der mit sinnlichen Freuden wenig am Hut hat. Er erfreut sich lieber an harten Fakten.

Eine **stark ausgeprägte Unterlippe (60)** ist wiederum ein Indiz für das Genussvermögen eines Menschen. Diese Menschen lieben den Genuss in allen nur möglichen Varianten: Kultur, Essen und Trinken, Sexualität, sportliche Betätigung etc.

Bei einer **wenig ausgeprägten Unterlippe** dürfen Sie vermuten, dass der betreffende Mensch eher kein Faible für Genuss und die schönen Dinge des Lebens hat. Ist auch die Oberlippe schmal, haben Sie ein starkes Indiz für Unnachgiebigkeit.

56

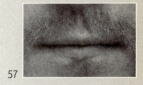
57

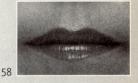
58

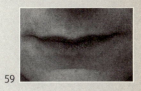
59

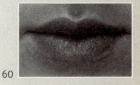
60

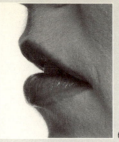
61

Eine **stark nach außen gewölbte Unterlippe (61)** kann auf Suchttendenzen hindeuten. Dieser Mensch ist tendenziell ein Nimmersatt und neigt zur Übertreibung, etwa bei Zigaretten, Alkohol, Arbeit, Essen, Sex …

**Übung 9**

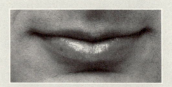
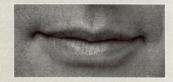

Schauen Sie sich doch die Münder auf den vier Bildern einmal genau an. Was sagen sie aus?
Wenn Sie überprüfen wollen, ob Sie richtig liegen, können Sie gerne im Anhang nachsehen.

Spannend, was die Mundpartie so alles hergibt, oder? Mich fasziniert immer wieder, wie viel man allein aus dieser Region des Gesichts über einen Menschen erfahren kann, den man gar nicht kennt.

## Das Kinn

Wie die Nase scheint auch das Kinn für viele Menschen eine Problemzone zu sein. In den USA veröffentlichte die Zeitschrift »Psychology Today« im Jahre 2003 eine Umfrage, aus der hervorging, dass 30 Millionen Amerikaner mit ihrem Kinn unzufrieden sind; das sind knapp 10 Prozent der Gesamtbevölkerung der USA. Falls Sie damit liebäugeln sollten, Ihr Kinn operativ verändern zu lassen und sich durch dieses Umfrageergebnis bestärkt sehen, sollten Sie aber auch wissen, dass eine solche Operation sehr aufwendig ist und auch sehr schmerzhaft sein kann, da Knochenmasse abgetragen oder verlagert werden muss. Vielleicht kann die physiognomische Bedeutung Ihres Kinns dazu beitragen, dass Sie es von nun an ein bisschen besser leiden können.

Ein **volles, rundes Kinn** haben Menschen, die die Annehmlichkeiten des Lebens lieben und Wert auf gesicherte materielle Verhältnisse legen. Sie sind meist unbeschwert und sehr gesellig.

Ein **spitzes Kinn** signalisiert einen überdurchschnittlichen Intellekt. Überschwengliche Gefühlsbekundungen sind von diesen Menschen nicht zu erwarten.

Vielleicht haben Sie bei der Lektüre inzwischen schon eine weitere Grundregel der Physiognomik ausgemacht: Runde und ovale Formen stehen für Geselligkeit, Harmoniebedürfnis und Du-Orientierung, spitze und kantige Formen eher für Eigen-

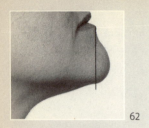
62

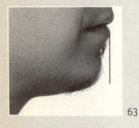
63

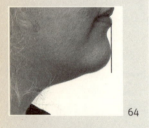
64

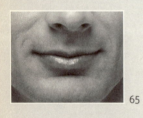
65

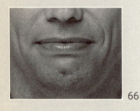
66

ständigkeit und Ich-Orientierung. Sie können diese Regel übrigens auch auf die Unterschrift eines Menschen übertragen.

Ein **vorstehendes Kinn (62)** zeigt Kampfgeist und Selbstbewusstsein an. Diese Menschen haben viel Energie und einen ausgeprägten Drang nach vorne. Für mich nenne ich diese Kinnform inzwischen »Schumi-Kinn« – Sebastian Vettel hat es übrigens auch.

Ein **zurückgezogenes Kinn (63)** steht für Gemeinschaftssinn sowie das Streben nach Kompromissen und Versöhnung. Gleich noch eine Grundregel: Alles, was aus dem Gesicht herausragt, wie etwa ein vorstehendes Kinn, sichtbare Wangenknochen, Innenohr über Außenohr, abstehende Ohren, vorstehende Augäpfel, ist ein Indiz für Extravertiertheit. Alles, was zurückweicht, wie ein fliehendes Kinn, kaum oder gar nicht sichtbare Wangenknochen, eine wenig ausgeprägte Innenohrleiste, tief in den Höhlen liegende Augen, ist ein Hinweis auf eine eher introvertierte Natur.

Menschen mit einem **geraden Kinn (64)** engagieren sich für die gute Sache und sind häufig große Idealisten.

Hat Ihr Gegenüber eine **Kinnquerfalte (65)?** Diese befindet sich unter dem Mund, meist in der Mitte des Kinns. Sie ist ein Indiz dafür, dass der betreffende Mensch oft unumwunden sagt, was er denkt. Darum nenne ich diese Falte auch »Motzfalte«. Unverblümte Meinungsäußerungen sind nicht immer angenehm, aber Sie können zumindest sicher sein, eine ehrliche Einschätzung erhalten zu haben. Die Kinnquerfalte ist auch Ausdruck ausgeprägter kommunikativer Fähigkeiten.

Beim **Kinngrübchen (66)** handelt es sich um eine kleine muldenförmige Einbuchtung im Kinn, die dauerhaft vorhanden sein kann oder nur in bestimmten Situationen zum Vorschein kommt. »Kinngrübchenträger« sind sehr verletzliche und empfindsame Wesen, auch wenn ihr äußeres Erscheinungsbild und ihr Auftreten dies nicht unbedingt vermuten lassen. Kinngrübchenträger männlichen Geschlechts werden gern für die Werbung für Produkte rund um die Rasur eingesetzt, vielleicht, weil ihre Physiognomie den Eindruck »kantiger Typ mit weichem Kern« nahelegt. Vom Kinngrübchen zu unterscheiden ist die **Kinnspalte:** Sie teilt das Kinn an der unteren Linie. Hollywoodlegende Kirk Douglas und das Model Marcus Schenkenberg haben dieses prägnante Merkmal. Es ist ein Signal dafür, dass jemand sich mit Entscheidungen schwertut und immer wieder mit sich selbst uneins ist.

## Der Hals

Kopf und Rumpf sind über den Hals miteinander verbunden. Er ist eine wenig geschützte Engstelle unseres Körpers und mit Speiseröhre, Luftröhre und zentralen Blutbahnen ein anatomisch komplexes Gebilde. Unsere Halswirbelsäule ermöglicht mit ihren im Vergleich zum übrigen Rückgrat besonders geformten Wirbeln dem Kopf ein hohes Maß an Beweglichkeit.

Physiognomisch gesehen ist ein **langer Hals** ein Indiz für einen zurückhaltenden bis schüchternen Menschen, der nicht gern im Rampenlicht steht.

Ein **dünner Hals** kennzeichnet sensible Menschen mit einer ausgeprägten Fähigkeit, sich in andere einzufühlen. Ihre besondere Empfindsamkeit macht diese Menschen auch verletzlich.

Ein **kurzer Hals** ist charakteristisch für Menschen mit überdurchschnittlichen körperlichen Kräften. Sie neigen dazu, unüberlegt zur Tat zu schreiten. Ist im Gesicht des betreffenden Menschen der Bereich des Ausführenden dominant, können Sie umso mehr davon ausgehen, dass Sie es mit einem ausgesprochenen Praktiker zu tun haben.

Ein **breiter Hals** ist typisch für Menschen, die sich nicht wohlfühlen, wenn sie nicht permanent etwas tun. Beschäftigungen aller Art sind ihr Lebenselixier. Diese Menschen zeichnen sich außerdem durch eine große Entschlusskraft aus.

## Die Haare

In den frühen Epochen der Menschheitsentwicklung hatte das Haar eine ganz unmittelbar schützende Funktion, beispielsweise gegen Kälte und Insekten. Später dann zeigte die Haartracht den sozialen Stand eines Menschen an. In manchen Kulturen etwa wurde Sklaven und Gefangenen zum Zeichen ihrer Unfreiheit der Kopf geschoren.

Neben ihrer schmückenden Funktion hatten und haben Haare immer auch symbolische Bedeutung. Denken Sie etwa an den biblischen Samson, der seine Kraft verlor, als Delila ihm das Haar abschnitt. Volles, langes Haar galt als Ausdruck von Lebenskraft, Vitalität und Jugendlichkeit.

Auch wenn Teile der hergebrachten Bedeutung der Haare sich bis heute gehalten haben – so sind etwa lange, wallende Haare unverändert auch ein erotisches Symbol –, ist die Haartracht in unserer Zeit doch vor allem individueller Persönlichkeitsausdruck. Auffällig gefärbtes und gestyltes Haar kann als Zeichen der Abgrenzung von bürgerlichen Konventionen verstanden werden, aber auch die Zugehörigkeit zu einer bestimmten gesellschaftlichen Gruppierung signalisieren – der berühmte Irokesenschnitt ist hier nur ein Beispiel. Daneben spielt die Mode eine große Rolle in Sachen Haarlänge und -form. So kam etwa in den zwanziger Jahren des letzten Jahrhunderts mit dem Bubikopf ein Kurzhaarschnitt auch für Frauen erstmals in Mode, und die Herren trugen in den 60er Jahren im Gefolge der Beatles ihre Haare gern ein bisschen länger.

Frauen wie Männer legen mit je eigenen Vorlieben viel Wert auf schönes Haar, insbesondere dann, wenn es ums Suchen und Finden eines passenden Partners geht.

Die Physiognomik versteht Haare als »Antennen« nach außen. Je dichter das Haar eines Menschen, umso besser ist sein Gefühl für andere, und umso robuster ist der betreffende Mensch. Je feiner das Haar, umso sensibler der Träger, ähnlich wie bei der Hautbeschaffenheit und bei den Wimpern.

**Kurze, glatte Haare** findet man häufig bei Vernunftmenschen, die Strenge, Sachlichkeit und Unnahbarkeit ausstrahlen, ordnungsliebend und in festen Strukturen verankert sind.

**Kurze, lockige Haare** kennzeichnen die »Gefühlsdenker«: Menschen, die gleichermaßen über rationale wie intuitive Fähigkeiten verfügen.

**Lange, glatte Haare** sind typisch für warmherzige Menschen, die anderen ein Gefühl der Geborgenheit vermitteln. Bei aller Warmherzigkeit gehen sie jedoch meist sachlich und überlegt an die Dinge heran.

**Lange, lockige Haare** sind charakteristisch für Menschen, die ein sehr intensives Gefühls- und Seelenleben besitzen. Ihr Handeln und Denken ist zu einem großen Teil von Gefühlen bestimmt. Was meine eigenen Haare betrifft, so haben sie sich im Laufe meines Lebens immer wieder verändert. In meiner Kindheit waren sie hart, wirr und kaum zu bändigen – lauter Dinge, die damals auch im übertragenen Sinne auf mich zutrafen. Während meiner Ausbildung zur Erzieherin wurden meine Haare weich und schön gelockt. Kein Wunder: Empathie und Gefühl standen in dieser Zeit im Vordergrund. Mit Mitte 20 färbte ich sie erstmals rot, und das sind sie auch jetzt noch, genauer: rot, lang und gelockt. Dies entspricht meinem intensiven Gefühls- und Seelenleben und meinem Temperament, das durchaus leidenschaftlich sein kann, allerdings mit einem sarkastisch-ironischen Einschlag. Schon immer habe ich meine Locken vor Vorträgen oder vergleichbaren Anlässen zu glätten versucht. Inzwischen weiß ich, dass das Ausdruck eines Bestrebens ist, sachlicher und strenger zu wirken, unterstrichen noch durch ein seriöses Businessoutfit, sparsame Accessoires, dezentes Make-up.

Was hat die Physiognomik zu den unterschiedlichen Haarfarben zu sagen?

**Schwarze Haare** stehen für eine leidenschaftliche, sinnliche und offene Wesensart. Diese Menschen sind begeisterungsfähig, oft auch wahre Enthusiasten.

**Braune Haare** findet man bei humorvollen Menschen, die oft impulsiv und mit viel Schwung agieren. Alte Standpunkte zu überdenken und aufzugeben, kostet diese Menschen wenig Überwindung.

**Blonde Haare** signalisieren Gefühlstiefe und Empfindsamkeit sowie eine träumerische Veranlagung.

**Rote Haare** sind Ausdruck von Leidenschaftlichkeit im Denken und Handeln, gelegentlich gepaart mit einem Hang zur Ironie und einem nachtragenden Wesen.

**Graue Haare** können verschiedene Ursachen haben. Manche Menschen verlieren als Folge eines schweren Traumas buchstäblich über Nacht ihre bisherige Haarfarbe. Bei den meisten Menschen ist das Ergrauen der Haare jedoch ein über längere Zeit fortschreitender Prozess, der bedingt ist dadurch, dass das Pigment Melanin mit zunehmendem Alter stetig abnimmt. Genau genommen gibt es keine grauen Haare: Verliert ein einzelnes Haar seine ursprüngliche Farbe, wird es weiß. Da jedoch andere Haare die ursprüngliche Farbe noch bewahren, entsteht der Gesamteindruck einer Graufärbung. Nur bei wenigen Menschen kommt es dazu, dass alle Haare weiß sind. Graue Haare gelten als Symbol für Lebenserfahrung und Weisheit, denken Sie nur an den Ausdruck »graue Eminenz«.

Wer seine **Haare färbt,** kann damit gewissermaßen auch seine Befindlichkeit »retuschieren«. Starke, nicht natürlich wirkende Färbungen sind Ausdruck des Wunsches aufzufallen, indem man seiner Umwelt schon von weitem signalisiert: »Ich bin anders.«

Wie unsere Haare liegen, aussehen und sich anfühlen, hat auch mit unserem seelischen Befinden zu tun. In meinen Seminaren bestätigen mir insbesondere Frauen immer wieder, dass an Tagen, an denen sie sich nicht gut fühlen, auch mit ihren Haaren nichts anzufangen ist: Stumpf und kraftlos hängen sie herunter, und auch der beste Friseur, das stärkste Haarspray könnten die Misere nur vorübergehend beheben. Nur gut, dass auch ein schlechter Tag irgendwann vorbei ist.

Neueste Erkenntnisse besagen übrigens, dass eine Frau im Laufe ihres Lebens bis zu 102-mal ihre Frisur ändert. Und Friseure wissen schon lange, dass der Wunsch nach einer äußeren Verwandlung nahezu immer mit einer inneren Veränderung zu tun hat.

In einem Experiment verpassten Forscher einem 21-jährigen Model verschiedene Haarfarben und baten dann jeweils 120 Versuchspersonen um ihre Einschätzung. Als Blondine hielt man die junge Frau für aufrichtig, aber auch für tendenziell begriffsstutzig und wenig selbstbewusst. Mit braunen Haaren wirkte sie auf die Betrachter scheu und fleißig, mit roten hingegen angriffslustig und leidenschaftlich. Tja, so schnell kann man in den Augen der Außenwelt ein anderer Mensch werden, der dann mutmaßlich auch anders behandelt wird.

Wie alle anderen physiognomischen Merkmale sind auch Haare ein einzelner Hinweis auf bestimmte Charaktereigenschaften eines Menschen. Sie sollten immer im Zusammenhang mit anderen Merkmalen betrachtet werden. Dann können sie eine bereits gefasste Vermutung erhärten, aber durchaus auch wieder abschwächen. Nach meiner Erfahrung ist es so, dass der Blick auf die Haare das Bild, das die übrigen Gesichtseigenschaften vermitteln, meist bestätigt.

Vor einiger Zeit kam ein sehr attraktiver Mann zu mir in die Einzelberatung. Er war im Finanzwesen tätig, als Führungskraft in einer großen Handelskette. Sein Gesicht zeigte die dazu passenden rationalen Kennzeichen, ließ aber auch ein gewisses emotionales Potenzial vermuten: dichte, buschige Augenbrauen, tiefbraune Augen, volle Lippen. Seine Haare waren tiefschwarz und gelockt. Auch ihm selbst war seine emotionale Seite nicht entgangen; allerdings tendierte er dazu, sie zu unterdrücken, wobei ihm sein Beruf sehr entgegenkam. Von seinen Eltern hatte er in hohem Maße die Vorstellung vermittelt bekommen, dass man sich im Berufsleben zurücknehmen müsse und dass Selbstverwirklichung in jedem Fall hintan zu stehen habe, wenn es gelte, in Lohn und Brot zu bleiben, erst recht in schwierigen Zeiten. Folgerichtig betrachtete er sein Temperament und seine Gefühle eher misstrauisch, was aber nicht verhinderte, dass beides gelegentlich durchbrach. Gleichzeitig jedoch fühlte er sich in seinem Beruf nicht als »ganzer Mensch«. Er wollte etwas verändern, aber seine rationale Seite hielt ihn immer wieder davon ab.

Ich riet ihm, mit Veränderungen im nichtberuflichen Bereich zu beginnen, beispielsweise in seiner Freizeit sein Hobby Tanzen mehr zu pflegen, um dort seine emotionale Seite besser ausleben zu können. Für den Fall, dass er sich später einmal auch beruflich verändern möchte, könnte es sinnvoll sein, darüber nachzudenken, ob er sich in Richtung Verkauf einer Materie, eines Themas, das ihm wirklich am Herzen liegt, weiterentwickeln könnte. Ich bin gespannt zu sehen, wie es in seinem Leben weitergeht. Sicher scheint mir, dass seine rationale Seite ihn davor bewahren wird, Dinge vorschnell übers Knie zu brechen.

Auch wenn die unterschiedlichen Eigenschaften, die wir in uns tragen, nicht immer so deutlich unterschieden sein müssen wie bei diesem Mann, können wir davon ausgehen, dass jeder von uns ungelebte Facetten in sich trägt, die sich da und dort, vorübergehend oder dauernd, auch in unserem Äußeren zeigen.

Deshalb ändert sich häufig bei beruflichen oder privaten Einschnitten im Leben auch die Frisur der betreffenden Person: Bestimmte Eigenschaften treten in den Hintergrund, andere werden wichtiger. Was sich meist jedoch ein Leben lang nicht verändert, ist der Scheitel, der ebenfalls eine physiognomische Bedeutung aufweist, je nachdem, wo er sitzt.

Ein **rechter Scheitel** drückt das Bestreben aus, nicht aufzufallen, sowie eine eher zurückhaltende Wesensart.

Menschen, die ihren **Scheitel links** tragen, sind in ihrem Wesen korrekt und höflich. Im Denken und Handeln sind sie glaubwürdig.

Ein **Mittelscheitel** kennzeichnet einen im Denken eigenständigen Menschen, der sich in seinem Handeln von Gefühlen leiten lässt.

Und wenn jemand **gar keinen** Scheitel hat? Dann ist er mitnichten auch innerlich ein Wirrkopf, sondern vielmehr höchstwahrscheinlich ein unkomplizierter und unkonventioneller Mensch.

## Bärte

Wie finden Sie George Clooney mit Bart? Noch aufregender als bisher? Oder war er mit glatten Wangen irgendwie prickelnder anzuschauen? Die Meinungen sind geteilt. Sicher ist hingegen: Der Bart ist das auffälligste sekundäre Geschlechtsmerkmal des Mannes und ein traditionelles Attribut der Männlichkeit – allerdings auch stark modeabhängig. Neben den Koteletten sind es bei den Männern vor allem die Bärte, die im Laufe der Zeiten mal mehr und mal weniger vorhanden, mal dicht und buschig, mal akkurat gestutzt oder eben gar nicht vorhanden sind.

Christina Wietig, eine Kulturwissenschaftlerin aus Hamburg, startete 2005 im Rahmen ihrer Dissertation eine Umfrage mit 524 Männern, darunter 186 Bartträgern. Das Thema der Doktorarbeit? »Der Mann und sein Verhältnis zu seiner Gesichtsbehaarung im Hinblick auf Weltanschauung, Charakter, Attraktivität und Image.«

Was kam bei der Umfrage heraus? Zunächst einmal, dass die beiden Lager gefestigt scheinen: Der überwiegende Teil der Männer empfindet einen Bart als Maskierung. 42 Prozent der Nicht-Bartträger nervt das tägliche Rasieren so sehr, dass sie im Kampf gegen den ständigen Bartwuchs sogar Medikamente einnehmen würden, wenn es sie denn gäbe. Umgekehrt stehen die Bartträger zu ihrem Gesichtsschmuck. Mehr als 30 Prozent der über 60-jährigen Bartträger verbinden mit üppigem Kinnbe-

102

wuchs auch eine gesteigerte sexuelle Potenz. Einig sind sich beide Lager, was Experimente rund ums Barthaar angeht: wachsen lassen oder kürzen, Vollbart oder Schnauzer – wenn etwas Neues, dann im Urlaub, wo nur die Liebste Zeugin ist.

Christina Wietigs Studie konnte bestätigen, was uns auch Fotos der männlichen Hollywoodstars zeigen: Der Trend geht derzeit Richtung Bart. Der muss nicht unbedingt eine bestimmte Form haben, sondern wird als eine Art individuelles körperliches Accessoire betrachtet.

Schauen wir uns die Gesichtsbehaarung doch einmal genauer an. Grundsätzlich gilt: Ein Mann, der Stunden mit der Pflege seines Bartes verbringt, ihn liebevoll stutzt, zwirbelt und in Form bringt, will sexy erscheinen und sich auch so fühlen. Wer umgekehrt seinen Bart wild wuchern und wachsen lässt, ist von seiner Männlichkeit entweder so überzeugt, dass es zu deren Betonung keinerlei zusätzlicher Bemühungen bedarf, oder er ist einfach nur zu faul oder zu schlampig, die Zeit für die tägliche Bartpflege zu investieren.

Den **Dreitagebart** findet man häufig bei Männern, die den Rebellen rauskehren möchten, ohne dabei allzu unkonventionell zu wirken. Prominente Dreitagebartträger sind Enrique Iglesias und der bereits erwähnte George Clooney.

Der **schmale Schnurrbart mit freier Oberlippe** kennzeichnet den von sich selbst überzeugten Mann von Welt. Er ist charismatisch und bereit, tiefe Gefühle zu zeigen, allerdings unter Umständen auch nicht ganz frei von einem Hang zur Selbstdarstellung. Ein sehr prominentes Beispiel dafür ist Clark Gable.

Der **starke, in die Oberlippe ragende Schnurrbart** legt nahe, dass sein Träger durch die Verdeckung der Oberlippe sein Gefühlsleben eher unter Verschluss halten möchte. Prominenter Schnauzbartträger ist etwa Tom Selleck.

Der **Vollbart** ist das Männlichkeitssymbol schlechthin, aber er verdeckt auch allerlei, beispielsweise Schwächen und Unsicherheiten. Bei US-Schauspielern wie beispielsweise Keanu Reeves ist er derzeit richtig in Mode, aber auch der Österreicher Christoph Waltz kam zur Oscar-Verleihung mit Vollbart.

Der **starke Vollbart** steht für ungezügelte Männlichkeit. Sein Träger ist ein individueller, naturverbundener Grenzgänger, der beim ersten Hinschauen ein tiefes und intensives Gefühlsleben verbirgt. Jeff Bridges ist prominenter Träger eines starken Vollbarts.

So, nun haben Sie die wichtigsten physiognomischen Merkmale kennengelernt. Lassen Sie uns doch, bevor ich Ihnen in Kapitel 3 noch ein paar Extras des Gesichterlesens vorstelle, erst einmal ein bisschen über Sie sprechen …

## Mehr als nur ein Blick in den Spiegel: Wissen Sie, wer Sie sind?

Sicherlich haben Sie bei der Lektüre der physiognomischen Merkmale immer wieder auch mal einen Spiegel zur Hand genommen, um zu schauen, welche davon Sie selbst haben und welche nicht. Haben Sie schon herausgefunden, welche Gesichtsform Sie haben und welcher Bereich in Ihrem Gesicht dominant ist: der des Gefühlvollen, des Logisch-Vernunftmäßigen oder der des Ausführenden? Übrigens: Ist es nicht spannend, dass wir in der Regel sofort sagen können, ob unsere Ohren, Nase oder unser Mund groß sind, spontan aber wahrscheinlich nicht wissen, ob beispielsweise der Schwung der Oberlippe nach innen oder nach außen verläuft oder ob unsere Innenohrleiste über die Außenohrleiste ragt? Und das, obwohl wir uns im Laufe unseres Lebens schon viele Male im Spiegel betrachtet haben!

Wenn Sie sich in Zukunft mehr mit der Physiognomie befassen und sich vielleicht sogar daranmachen, die wichtigsten Kennzeichen zu erlernen, so dass Sie sie jederzeit abrufen können, wird Ihr Wahrnehmungsvermögen geschärft. Ihrem geschulten Blick entgehen bestimmte Merkmale dann nicht mehr: Sie sehen mehr als bisher.

Bestimmt werden Sie bei der Lektüre manch eines einschlägigen Kennzeichens gelacht haben, weil es eine Eigenschaft repräsentiert, die Sie an sich selbst gut kennen und als »typisch ich« wahrnehmen. Wenn Ihre Familie sich schon lange darüber amüsiert, dass Sie sich einen neuen Pulli immer erst im dritten Anlauf kaufen, wissen Sie nun, was es mit dieser kleinen Kurve in Ihrem Nasenrücken auf sich hat.

Vielleicht haben Sie sich bei manchen Kennzeichen auch erwischt gefühlt oder waren unangenehm berührt. Tragen Sie möglicherweise Eigenschaften im Gesicht, die Sie lieber nicht hätten?

Vergessen Sie nicht: Eine physiognomische Deutung basiert niemals nur auf einem einzigen Merkmal, sondern stets auf Gruppen von Kennzeichen und letztlich auf der Gesamtheit Ihrer äußeren Erscheinung. Machen Sie sich also keine Sorgen, wenn Sie beispielsweise in Ihrem Gesicht ein Kennzeichen wiederfinden, das für Introvertiertheit steht, Ihren Kollegen aber just vor ein paar Tagen versprochen haben, die Präsentation eines neuen Projekts vor der Geschäftsleitung zu übernehmen. Sie dürfen davon ausgehen, dass es gute Gründe dafür gibt, dass Sie sich diese Aufgabe zutrauen. Und auch die werden sich in Ihrem Gesicht wiederfinden; beispielsweise als durchgezogene Stirnquerfalten mit einer ausgeprägten Beharrlichkeitsfalte als Indiz dafür, dass Sie Ihre Dinge zu Ende bringen und wissen, was Sie erreichen wollen. Oder im großen Abstand Ihrer Augenbrauen zu den Augen im zweiten Bereich, was Ihr Sprach- und Kommunikationstalent signalisiert.

Niemand mag alle seine Eigenschaften, und keiner von uns ist vollkommen. Sie können sich – für sich allein oder im Gespräch mit einem Menschen, dem Sie vertrauen – überlegen, woher eine ungeliebte Eigenschaft stammen könnte und welchen Nutzen sie in Ihrem Leben möglicherweise gehabt hat. Sie können sich fragen, ob Sie diese Eigenschaft jetzt noch brauchen oder ob Sie inzwischen an einem Punkt sind, an dem Sie sich liebevoll von ihr verabschieden können. Vor allem aber können Sie sich auf Ihre Stärken konzentrieren und darauf, wie sie ihnen in Ihrem Leben noch mehr Raum einräumen können. Das betrifft Potenziale, die Sie bereits kennen, ebenso wie solche, die bislang unentdeckt in Ihnen schlummern. Die Physiognomik kann Ihnen dabei helfen, zu erkennen, was Ihnen ins Gesicht geschrieben steht, ohne dass Sie davon wussten. Sie müssen nur genau hinschauen … Was sehen Sie?

Einen Mickymaus-Haaransatz vielleicht und Hinweise auf manuelles Geschick, die Sie als Kreativbegabung ausweisen, die ihre Ideen obendrein noch gut umsetzen kann? Eine Unterlippe, die vorsichtig und vorwitzig zugleich unter der Oberlippe hervorspitzt und Sie darauf hinweist, dass Sie den schönen Dingen des Lebens etwas mehr Platz einräumen sollten?

Im nächsten Schritt könnten Sie überlegen, wo Sie Raum für Ihre unentdeckten Talente schaffen können und wollen. Beruflich oder privat? Durch die Übernahme neuer Aufgaben oder ein neues Hobby? Gemeinsam mit anderen oder lieber allein?

Es fällt Ihnen schwer, Ihr eigenes, Ihnen so vertrautes Gesicht einer Analyse zu unterziehen? Sie können auch damit beginnen, dass Sie zunächst einmal nur Eigenschaften von sich notieren und dann im zweiten Schritt schauen, wo sie sich in Ihrem Gesicht wiederfinden. Und bei der Suche nach physiognomischen Indizien für unentdecktes Potenzial können Sie sich von einer Freundin oder einem Freund helfen lassen. Verabreden Sie sich für einen Nachmittag oder Abend und legen Sie, wenn Sie möchten, auch noch eine Auswahl von Fotos aus unterschiedlichen Phasen Ihres Lebens bereit. Dann begeben Sie sich gemeinsam auf Spurensuche: Was hat sich in Ihrem Aussehen verändert, und wo sind Sie sich gleich geblieben? Ist Ihnen möglicherweise auf Ihrem Lebensweg etwas abhanden gekommen, das Sie dringend reaktivieren sollten? Wo sehen Sie selbst Ihre Stärken und wo die andere Person? Sind Sie sich in allem einig oder weicht Ihre Selbsteinschätzung von der Ihres Freundes, Ihrer Freundin ab? Oft nämlich verlieren wir unsere eigenen Stärken und besonderen Begabungen aus dem Auge und halten sie für etwas ganz Normales. Es tut gut, daran erinnert zu werden, dass sie das nicht sind!

In einem Seminar des Schauspielers, Regisseurs und Coach Pierre Franckh habe ich eine Übung kennengelernt, die in diesem Zusammenhang sehr hilfreich ist: Jeder Teilnehmer setzte sich eine Minute lang in die Mitte der Runde, während alle anderen aufschrieben, was sie in dem jeweiligen Menschen an Positivem sahen. Auf dem Rückweg zu seinem Platz erhielt man dann einen ganzen Stapel Karteikarten, auf denen nichts als Gutes über einen stand. Ich habe diese Karten immer noch, und ich hole sie hervor, wenn es in meinem Leben einmal nicht so gut läuft. Sie zu lesen baut mich auf und gibt mir neue Energie.

Von meinem besten Freund, der mein erstes Übungsobjekt war, als ich mit der Physiognomik begann, habe ich Ihnen schon erzählt. Dass er ein rationaler, wohltuend sachlicher Mensch war, wusste ich damals bereits. Mehr als nur einmal hatte er da schon meinen Hals gerettet, indem er mich durch ein ruhiges Wort zur rechten Zeit vor wildem Aktionismus bewahrte, zu dem ich manchmal neige (da haben wir sie wieder, die ungeliebten Eigenschaften …). Sein Einfühlungsvermögen und seine vorsichtige, genaue Art hatten mich schon zu Beginn unserer Freundschaft sehr angezogen. Die Gabe zur Einfühlung fand ich in seinem Gesicht in einer deutlich erkennbaren pädagogischen Falte, ebenso in seinem ausgeprägten Lippenherz und seiner geraden Stirn. Das Logische, Genaue, Faktenorientierte und Gründliche an ihm zeigte sich in seinen eher kleinen Augen, einer großflächigen Stirn und schmalen Lippen.

Und dann kam die Überraschung: Ich fand im Gesicht meines Freundes auch Hinweise darauf, dass er eine sehr harmoniebedürftige und gefühlvolle Seite hatte, die mir in dieser Tiefe bislang verborgen geblieben war. Als ich ihm sagte, was ich sah, reagierte er erst überrascht, dann nachdenklich. Zusammen kamen wir darauf, dass es wohl seine »gefühlsgeladene«, idealistische Seite war, die ihn von Zeit zu Zeit zu harschen Urteilen und Kommentaren veranlasste, die so gar nicht zu seiner vorherrschend bedachtsamen Natur zu passen schienen. Seit ich das weiß, tue ich mich mit diesen »Ausreißern« bei ihm leichter.

Leider aber habe ich ihn bislang nicht dazu bringen können, dass er mein Gesicht deutet.

Wenn Sie mit dem Spiegel allein nicht weiterkommen: Machen Sie einen Menschen, den Sie mögen, zu Ihrem Spiegel. Ich verspreche Ihnen: Es wird ein spannender, aufschlussreicher und höchstwahrscheinlich auch lustiger Nachmittag oder Abend werden. Und beim nächsten Mal tauschen Sie die Rollen …

# Kleine Tricks, große Wirkung: Wie Sie Ihr Gesicht optisch am besten in Szene setzen

Aus dem Abschnitt zur Wirkung unserer Intuition wissen Sie bereits, dass die ersten Sekunden und Minuten, in denen sich bislang unbekannte Menschen begegnen, von großer Bedeutung sind. Der erste Eindruck zählt, und er ist nicht rückgängig zu machen. Machen Sie also das Beste daraus. Durch richtig gewählte Kleidung, Accessoires und Farben können Sie Ihre Stärken ebenso ins rechte Licht rücken wie durch gepflegte Haare und ein Parfüm, das zu Ihnen passt.

Die Farbe Ihrer Kleidung sollte dem Anlass entsprechen. Unterschiedliche Farben transportieren je verschiedene Bedeutungen. Was also haben Sie vor? Nehmen wir einmal an, Sie haben ein Vorstellungsgespräch und möchten Kompetenz, Beständigkeit, Vertrauenswürdigkeit demonstrieren, um die Sympathie Ihrer Gesprächspartner zu gewinnen. Dann wäre Blau eine gute Farbwahl, denn es steht für Kompetenz, Treue, Freundlichkeit und Vertrauen. Viele Firmen besonders im Banken- und Versicherungsgewerbe nutzen dies bei ihrer Außendarstellung.

Bei Gericht oder in Situationen, in denen es darum geht, untadelig zu wirken, macht sich auch Weiß gut. In unserem Kulturkreis steht es für Neutralität, Ehrlichkeit, Reinheit und Unschuld. Bevor Sie sich allerdings von Kopf bis Fuß in weiße Kleidung hüllen, sollten Sie bedenken, dass Weiß auch kühl und distanziert wirken kann.

Lebensfreude, Leidenschaft, Kraft und das Verführerische sind in der Farbe Rot symbolisiert. Rot hat Signalcharakter und kann, besonders wenn es als einzige Farbe getragen wird, ausgesprochen »sündhaft« wirken.

Sie möchten Ihre weibliche Seite zeigen? Dann sollten Sie Rosa in Betracht ziehen. Die Pastellfarbe steht für Sanftmut, Süße und Zartheit. Schon Madame Pompadour setzte Rosa ein, um zu bezaubern. Rosa ist fast zu schön, um wahr zu sein ... denken Sie nur an die berühmte »rosarote Brille«.

Wer Individualität ausstrahlen möchte, trägt Schwarz. Schwarz ist Abgrenzung, Unnahbarkeit, aber auch Würde. Um Christian Dior zu zitieren: Wer Schwarz trägt, verzichtet sogar auf Farbe. Schwarze Kleidung wirkt schlicht-elegant, teuer und vornehm.

Grün wiederum ist die Symbolfarbe des Lebens, der Hoffnung, der Natur. Es wirkt beruhigend und gleichzeitig lebendig.

Die zwiespältigste aller Farben ist wohl Gelb. Als Goldgelb weckt sie positive Assoziationen, etwa an die Kraft der Sonne. Gelb steht in unserem Kulturkreis symbolisch aber auch für viele negative Eigenschaften, wie etwa Neid, Gier, Verlogenheit und Geiz.

Farbe spielt nicht nur bei unserer Kleidung, sondern auch im Gesicht eine Rolle. Dass die Pathophysiognomik bestimmten Gesichtsfärbungen bestimmte gesundheitliche Bedeutungen zuordnet, habe ich schon verschiedentlich erwähnt. In der Kosmetik können Sie Farben gezielt einsetzen, um Ihre physiognomischen Stärken hervorzuheben und von Merkmalen, die Sie nicht so sehr mögen, gekonnt abzulenken. Wie das geht, hat mir Jasmin Dué verraten, eine erfahrene Visagistin. Sie weiß auch, dass selbst Menschen, die gemeinhin als schön gelten, kleine optische Tricks zur Optimierung ihres Aussehens einsetzen.

Der geschickte Einsatz von Make-up kann beispielsweise den Abstand zwischen **eng stehenden Augen** optisch vergrößern, und zwar, indem man Lidschatten in unterschiedlichen Farbschattierungen verwendet. Von eng stehenden Augen spricht man, wenn zwischen die beiden Augen kein drittes Auge derselben Größe passen würde. Um die Augen optisch weiter auseinanderstehen zu lassen, können Sie mit bis zu drei verschiedenen Lidschatten-

111

tönen arbeiten. Wichtig ist, dass der hellste Ton zur Nase hin aufgetragen wird, das öffnet den Blick. Auf der Lidmitte wird der mittlere Ton aufgetragen, und die Außenwinkel betonen Sie mit dem dunkelsten Ton. Nehmen Sie am Ende einen Pinsel ohne Farbe zur Hand und verwischen Sie die Farbübergänge sorgfältig, so dass diese fließend ineinander übergehen.

Bei **kleinen Augen** sollten Sie dunkle Farben vermeiden, um die Augen offener erscheinen zu lassen. Verwenden Sie stattdessen helle und mittlere Farbtöne, und tragen Sie die Farbe vermehrt auf die äußeren Augenwinkel auf, damit die Augen größer wirken.

In der Regel gilt für das Augen-Make-up: Die dunkelsten Farben an den äußeren Augenwinkel. Bei **weit auseinanderstehenden Augen** ist es genau umgekehrt. Von weit auseinanderstehenden Augen spricht man, wenn zwischen beiden Augen mehr als ein drittes Auge derselben Größe Platz hätte. Sie verkleinern die Distanz zwischen Ihren Augen optisch, indem Sie den vorderen Teil des Oberlids bis zu den Augenbrauen dunkel schminken. Wenn Sie Eyeliner verwenden, tragen Sie den Eyeliner so weit innen wie möglich zur Nase hin auf und lassen ihn ohne Verlängerung am äußeren Wimpernrand auslaufen. Bei diesem Augenstand ist es auch sehr wichtig, die Augenbrauen nicht außer Acht zu lassen. Nehmen Sie ein Lineal und halten Sie dieses gerade neben ihren Nasenflügel. Nasenflügel und Augenbrauenanfang müssen eine Linie bilden. Sollte das nicht der Fall sein, ergänzen Sie mit einem Augenbrauenstift in Ihrer Naturfarbe die fehlenden Härchen.

**Tiefliegende Augen** bringen Sie optisch mehr nach vorn, indem Sie zunächst einen helleren Farbton auf dem ganzen Augenlid verteilen. Dann tragen Sie am Wimpernrand eine etwas dunklere Farbe auf.

Lidschatten gibt unserem Blick generell mehr Tiefe. Sicher ist

Ihnen beim Lesen schon eine Visagisten-Grundregel aufgefallen: Helle Farbtöne akzentuieren eine Gesichtspartie, dunkle Töne dagegen schwächen sie, geben aber auch Kontur. Wenn Sie ganz professionell vorgehen wollen, tragen Sie zunächst Lidschatten in einem neutralen Ton auf die gesamte Augenpartie vom Wimpernrand bis zu den Augenbrauen auf. Danach können Sie für mehr Kontur und Tiefe die sogenannte »Bananentechnik« anwenden, bei der Sie die Lidfalte halbmondförmig einen Ton dunkler schminken.

Und wie betonen Sie am besten Ihre Augenfarbe?

**Blaue Augen,** die für Treue, Aufgeschlossenheit und Verträglichkeit stehen, werden besonders betont durch Lidschatten-Farben wie Goldbraun, Gold, Pfirsich, Rosa oder Aprikose. Besser vermeiden sollten Sie hingegen grün-blauen Lidschatten, er lässt Ihren Blick eher trüb wirken. Um Ihre Augenfarbe optimal zu unterstreichen, sollten Sie auf Kontraste setzen.

**Grüne Augen,** die Begeisterungsfähigkeit, Sinnlichkeit und Leidenschaftlichkeit signalisieren, werden idealerweise in der Farbe Mauve und ihren Abstufungen geschminkt. Auch Pflaume, Rotbraun, Purpurrot und Kupfer eignen sich für den Lidschatten, nicht aber Blau.

**Hellbraune Augen** als Kennzeichen eines intensiven Gefühlslebens sowie von Geselligkeit und Lebensfreude sind make-up-technisch ein Glücksfall: Sie gewinnen mit allen Lidschattenfarben, von Goldbraun bis hin zu Graugrün oder Orange. Sie können also ganz unbesorgt Ihre Lieblingsfarbe wählen. Vermeiden Sie jedoch blasse Farbtöne.

**Dunkelbraune bis schwarze Augen,** physiognomisches Signal der Unergründlichkeit, lassen sich mit dunklen, kräftigen Farben wie Braun, Schwarz, Dunkelgrau, Marineblau oder einem satten Pflaumeton schön betonen. Vermeiden Sie helle Nuancen und Pastelltöne. Sehr beeindruckend sehen bei dunklen Augen auch Lidschatten mit Metallic-Effekten aus. Wählen Sie statt matter Lidschatten lieber solche mit Glanzpartikeln in Gold, Kupfer, Bronze, Goldbraun oder Silbergrau.

Nun zur Nase: Sie wissen ja inzwischen, dass ein Nasenhöcker, ein geschwungener oder ein breiter Nasenrücken physiognomisch gesehen durchaus Gutes bedeuten. Wenn es Ihnen trotzdem schwerfällt, sich damit anzufreunden, lässt sich auch hier mit Make-up einiges machen.

Um eine **breite Nase** optisch schmaler wirken zu lassen, brauchen Sie zwei verschiedene Make-up-Töne. Einen Ton, der eine Nuance heller ist als Ihr eigentliches Make-up, geben Sie auf den Nasenrücken und klopfen ihn vorsichtig mit dem Finger ein. Der zweite Ton sollte eine bis zwei Nuancen dunkler als Ihr eigentlicher Make-up-Ton sein. Diesen tragen Sie auf die linke und rechte Nasenflanke auf. Wieder gut einklopfen, vor allem an der Stelle, wo beide Töne aufeinandertreffen, so dass man keinen Übergang sehen kann.

Auch einen **Nasenhöcker** oder eine **Welle im Nasenrücken** können Sie ausgleichen. Verwenden Sie ein Make-up mit einer guten Deckkraft, das ein bis zwei Töne dunkler ist als Ihr normaler Make-up-Ton. Klopfen Sie das Make-up genau auf dem Höcker ein. Das lässt ihn zurücktreten.

Auch **Couperose, Narben** und **Hautunreinheiten** können Sie mit Make-up beikommen. Dabei ist wichtig, dass Sie eine deckende Grundierung verwenden, die farblich ins Gelbliche geht. So mildern Sie das Blau und Rot der betroffenen Hautstellen ab. Wichtig ist, dass das Make-up keine rosafarbenen und blauen Pigmente enthält, denn das würde Ihren Teint grau aussehen lassen. Am besten klopfen Sie die Grundierung mit einem Latexschwämmchen oder mit den Fingern in die Haut ein. So erreichen Sie die maximale Deckkraft. Damit der Teint nicht unnatürlich aussieht, sollten Sie Creme-Make-up nur für die »Problemzonen« verwenden und für das restliche Gesicht ein nicht so deckendes flüssiges Make-up verwenden.

Für die unterschiedlichen Gesichtsformen gibt es beim Schminken folgende Tricks: Ein **kantiges Gesicht** zeichnet sich durch flächige Wangenknochen und ein kräftiges Kinn aus. Indem Sie eine helle Rouge-Nuance, etwa einen Roséton, auf die Wangen und eine dunklere Schattierung, zum Beispiel etwa einen Terrakotta-Ton, seitlich an die Stirn auftupfen, mildern Sie die Kantigkeit Ihres Gesichts ein wenig ab.

Einem **runden Gesicht** nehmen Sie die Fülle, indem Sie die Seiten mit einem bräunlichen, matten Rouge schattieren. Tragen Sie es mit einem Pinsel dezent von außen nach innen auf und blenden Sie die Ränder zur Gesichtsmitte hin aus.

Bei einem **ovalen Gesicht** sind die Wangenknochen die breiteste Stelle. Verwenden Sie einen warmen Rouge-Ton flächig auf den Wangenknochen. Das lässt das Gesicht frischer und strahlender erscheinen.

Wenn Sie ein eher **dreieckiges Gesicht** haben, schattieren Sie die breiteste Stelle, die Schläfen und obere Wangenhälfte, mit einem bronzefarbenen Rouge ein, und blenden Sie dieses nach oben und unten sanft aus.

Beim **trapezförmigen Gesicht** trägt man das Rouge von der Schläfe abwärts bis auf die Wangen auf. Um die Wangenknochen stärker zu betonen, kann unterhalb des Wangenknochens vorsichtig Bronzer aufgetragen werden. Dadurch erhält das Gesicht mehr Tiefe.

Sind Ihre Wangenknochen deutlich ausgeprägt oder kaum sichtbar? Um **stark ausgeprägte Wangenknochen** weniger dominant erscheinen zu lassen, geben Sie auf die höchste Stelle und die breiteste Stelle der Wangenknochen einen warmen Braunton als Rouge. Lassen Sie die Schattierung zu den Schläfen hin sanft auslaufen.

Wenn Sie Ihre **Wangenknochen mehr hervorheben** möchten, arbeiten Sie mit zwei Rougetönen: einem sanften Braunton und einem ebenfalls zurückhaltenden Rosé- oder Pfirsichton. Der braune Ton wird unterhalb der Wangenknochen aufgetragen.

Wie steht's mit Ihrem Mund? Die wenigsten von uns haben zwei gleichmäßig ausgebildete, volle Lippen. Ist die **Ober- oder Unterlippe schmaler,** können Sie sie folgendermaßen voller aussehen lassen: Wählen Sie für den Lippenstift am besten warme, helle Töne wie Kupfer und Apricot. Blaustichige Lippenstifte dagegen sehen meist nicht sehr vorteilhaft aus. Wenn Sie etwas Gloss auf die Mitte der schmaleren Lippe tupfen, sorgt dies optisch für noch mehr Volumen.

Frauen mit sehr vollen Lippen haben – insbesondere bei beruflichen Anlässen – mitunter das Problem, dass sie ihren sinnlichen Kussmund gern etwas aus dem Fokus rücken würden. Das geht mit dunklen, kühlen und matten Lippenstift-Farben, die die Lippen begrenzen und optisch verkleinern. Auf Gloss sollte man bei sehr vollen Lippen lieber verzichten.

Ihr **fliehendes Kinn** stört Sie? Dann modellieren Sie es vorteilhaft, indem Sie auf die Kinnpartie einen sehr hellen Ton geben. Unter dem Kinn sollten Sie bis zum Halsansatz ein bronzefarbenes Rouge verwenden, damit das Kinn Kontur bekommt.

Erscheint Ihr **Kinn zu gerade,** können Sie es durch gekonntes Auftragen von Rouge weicher wirken lassen. Dazu setzen Sie einen Tupfer helles Make-up genau auf die Kinnmitte, den Sie gut einklopfen und zu den Seiten hin ausblenden. Anschließend beschreiben Sie mit dem Rougepinsel und sanften Rosé-, Braun- oder Toffeetönen einen leichten liegenden Halbmond an der Kinnspitze.

Ein **rundes Kinn** wirkt energischer, wenn man unterhalb des Kinns entlang der Kinnaußenkante mit einem Rougepinsel einen sanften Rosé-, Braun- oder Toffeeton aufträgt und ihn von unten her ganz leicht ins Gesicht hineinzieht. Das Kinn erscheint dadurch kantiger.

Umgekehrt wirkt ein **kantiges Kinn** weicher, wenn Sie mit einem sanften Braunton die Kinnaußenkanten links und rechts ein wenig dunkler ausblenden. Zum Schluss setzen Sie auf die Kinnspitze einen helleren Ton Make-up. So wirkt Ihr Kinn runder.

Einem **vorstehenden Kinn** kommen Sie bei, indem Sie auf die vorderste Kinnspitze einen Tupfer dunkleres Make-up auftragen, welches Sie wiederum sanft zu den Seiten hin ausblenden. Auch eine **lange Kinnpartie** erscheint kürzer, wenn sie dunkel getönt wird.

Sie finden, Ihre **Stirn** ist **allzu hoch** geraten? Dann lassen Sie sie optisch kleiner erscheinen. Tragen Sie mit dem Rougepinsel einen sanften Braunton auf die Stirnaußenseiten rechts und links auf und blenden es anschließend in den Haaransatz der gesamten Stirn aus. Wichtig ist, dass das Rouge hierbei eine bis zwei Nuancen dunkler ist als Ihr Make-up.

Eine **runde Stirn** kann man natürlich auch optisch etwas begradigen. Stellen Sie sich unterhalb des Haaransatzes eine gerade Linie vor und schattieren Sie den Bereich oberhalb dieser Linie bis zum Haaransatz eine Nuance dunkler mit Rouge oder Make-up. Achten Sie darauf, dass Sie die Farbe sanft in die Stirn einstreichen, damit kein harter Farbunterschied zur restlichen Stirn entsteht. Wenn Sie Rouge verwenden, nehmen Sie einen zweiten Rougepinsel ohne Farbe und streichen Sie die Stelle am Übergang so lange aus, bis ein fließender Farbübergang entstanden ist.

Zu guter Letzt: die ungeliebten **Falten**. Hier gilt grundsätzlich: Je dunkler man die Grundierung wählt, desto stärker treten die Falten hervor. Wenn Sie also die Tiefe einer Falte optisch mindern möchten, können Sie mit zwei Make-up-Tönen arbeiten: Ihrem eigentlichen Make-up-Ton und einem weiteren, der zwei bis drei Stufen heller ist. Mit einem Pinsel oder dem Finger tragen Sie den hellen Ton direkt auf die Falte auf. So nehmen Sie ihr die Tiefe. Links und rechts neben der Falte wird der gewohnte Make-up-Ton aufgetragen. Anschließend sollten beide Töne mit leichtem Fingerklopfen in die Haut eingearbeitet werden, um die Übergänge zwischen den beiden Nuancen so sanft wie möglich zu gestalten.

Das alles klingt für Sie nach mühseliger Feinarbeit oder Sie haben Sorge, die Tricks nicht hinzubekommen? Dann lassen Sie sich von einer Kosmetikerin zeigen, wie es in der Praxis umgesetzt wird, und probieren es anschließend selbst. Am besten zunächst einmal, wenn Sie – zusammen mit der besten Freundin oder auch ganz ohne Zeugen – entspannt zu Hause sind und es um gar nichts geht. Wenn etwas misslingen sollte, wissen Sie, was Sie beim nächsten Mal anders machen können. Generell gilt natürlich, dass Sie insbesondere vor wichtigen Anlässen – etwa einer Präsentation oder einem Vorstellungsgespräch – genügend Zeit einplanen sollten, um Ihren optimalen Auftritt vorzubereiten.

Auch wenn Sie sich im Alltag kaum oder gar nicht schminken, können Sie mit einer leichten Grundierung in Ihrem natürlichen Hautton und etwas Puderrouge Ihre Gesichtskonturen unauffällig modellieren, ohne angemalt auszusehen. Und alle hier aufgeführten Tricks zum Modellieren allzu kantiger Kinne, Wangenknochen oder gar zu sehr geschwungener Nasen sind auch für Männer geeignet. Lassen Sie sich bei der Auswahl einer unauffälligen Grundierung am besten im Fachhandel beraten. Ausprobieren können Sie es dann ja erst einmal ganz geheim zu Hause. Sie werden staunen!

# KAPITEL 3

## UNSER GESICHT SPIEGELT, WIE WIR LEBEN: DIE GEHEIMTIPPS DES GESICHTERLESENS

Nachdem Sie im vorigen Kapitel die wichtigsten Grundlagen des Gesichterlesens und schon eine ganze Reihe physiognomischer Merkmale kennengelernt haben, können Sie Ihre Kenntnisse auf den folgenden Seiten noch weiter ausbauen. Ich möchte Ihnen zeigen, wie Ihre berufliche und Ihre private Seite sich auch in Ihrem Gesicht widerspiegeln – wie natürlich auch bei allen anderen Menschen – und was es mit den ebenso augenfälligen wie beliebten Grübchen auf sich hat. Darüber hinaus werden Sie etwas über die vier Konstitutionstypen der Physiognomik erfahren. Sie helfen Ihnen dabei, sich rasch ein erstes Bild von Ihrem Gegenüber zu machen.

## Zwei Gesichtshälften – zwei Gesichter?

Auch wenn es uns im Alltag kaum auffällt: Die Mehrheit der Menschen hat ein mehr oder weniger asymmetrisches Gesicht, d. h. die rechte und die linke Gesichtshälfte unterscheiden sich voneinander. Wenn wir auf die Welt kommen, ist das noch nicht so: Babys haben ein nahezu symmetrisches Gesicht, und daran ändert sich auch in der Kindheit normalerweise erst einmal kaum etwas. Erst ab der Pubertät bildet sich unser Gesicht mit seinen individuellen Charakteristika aus. Die größten Veränderungen passieren dabei zwischen dem 16. und 21. Lebensjahr, mitunter auch früher, beispielsweise, wenn ein Kind schon früh viel Verantwortung übernehmen muss.

Je symmetrischer ein Gesicht ist, desto schöner finden wir es. Je näher das Gesicht einer Frau dem Kindchenschema kommt – mit ovaler Kopfform, runden, harmonischen Zügen, großen Augen –, umso attraktiver finden wir sie. Ein auffallend asymmetrisches Gesicht wiederum wird von vielen Menschen als besonders faszinierend empfunden. Prominente Beispiele dafür sind der »Heute Journal«-Moderator Claus Kleber sowie die amerikanische Schauspielerin Ellen Barkin.

Bei etwa 80 Prozent der Weltbevölkerung ist die rechte Gesichtshälfte größer als die linke. Erstellt man eine spezielle Fotomontage aus dem Porträtfoto eines Menschen, indem man jeweils die rechte bzw. die linke Gesichtshälfte spiegelt, wird der Unterschied deutlich: Auf dem Rechts-rechts-Bild wirkt das Gesicht voller, auf dem Links-links-Foto hingegen schmaler. Schauen Sie sich doch einmal die folgende Fotomontage an. Sie sehen links das Original, in der Mitte die Links-links-Fotomontage und ganz außen die Rechts-rechts-Montage. Man erkennt deutlich den Unterschied zwischen den beiden Gesichtshälften.

Übrigens: Die rechte Gesichtshälfte steht für das Berufliche, die linke für das Private. Auf der Rechts-rechts Montage erkennt man die quadratische Gesichtsform: Dieser Mann ist im Beruflichen willensstark und durchsetzungsfähig. In der ausgeprägten Ohr-Innenleiste zeigen sich ein starkes Selbstbewusstsein und eine extravertierte Art zu arbeiten. Die gut erkennbaren Wangenknochen meines Modells zeigen seine berufliche Lust am Neuen, seine Offenheit und seine Führungsqualitäten. Achten Sie auch auf die Augen: Der Pupillenstand ist hoch. Sie wissen schon: Das zeigt eine rasche Auffassungsgabe an.

Die Links-links-Montage zeigt eine Tendenz zur dreieckigen Gesichtsform; ein Anzeichen dafür, dass dieser Mann im Privaten auf seine Intuition, sein Bauchgefühl vertraut. Die Augen sind sehr groß: Wie im Beruflichen ist er auch im Privaten neugierig und offen. Allerdings stehen die Augen auch eng beieinander. Mein Modell ist also jemand, der genau und mitunter auch kritisch hinschaut.

Sie fragen sich vielleicht, warum rechts für das Berufliche und links für das Private steht. Das hat wiederum mit unseren beiden Gehirnhälften zu tun. Erinnern Sie sich noch? Die linke Gehirnhälfte ist primär für das zuständig, was wir als »Denken« im eigentlichen Sinne verstehen: das Logische, Analytische, »Vernünftige«. Die rechte Gehirnhälfte hat ihren Schwerpunkt im Intuitiven und Kreativen, im bildlichen und symbolischen Denken – erinnern Sie sich noch an die Geschichte vom Einbein, Zweibein, Dreibein und Vierbein aus dem vorigen Kapitel? Weil Gehirnhälften und Körper über Kreuz verknüpft sind, ist in unserem Gesicht und Körper die linke Hälfte die intuitiv-private, die rechte hingegen die analytisch-berufliche.

Schauen Sie Ihrem Gegenüber also nicht nur ins Gesicht, sondern auch beispielsweise auf Arme und Beine: Sehen Sie ein harmonisches Zusammenspiel der beiden Seiten, was dafür spricht, dass der andere seine logische und emotionale Seite gut verknüpft hat und »in seiner Mitte« ist? Oder haben Sie es mit einem ausgeprägten Logiker zu tun, der vor allem über die rechte Körperhälfte agiert, bzw. einem eher emotional ausgerichteten Menschen, der eher »linkslastig« ist?

**Übung 10**

Damit Sie nicht aus der Übung kommen, hier wieder eine kleine Aufgabe für Sie: Schauen Sie sich die obenstehende Fotomontage an. Sie sehen ganz links wieder das unbearbeitete Foto, in der Mitte die Links-links-Montage und außen die Rechts-rechts-Montage. Notieren Sie sich vier Unterschiede zwischen der beruflichen und der privaten Seite dieses Menschen.
Die Auflösung finden Sie im Anhang.

Sicher möchten Sie nun herausfinden, wie es sich bei Ihnen selbst, bei Familie und Freunden mit den beiden Gesichtshälften verhält. Dazu können Sie sich das kostenlose Programm »Paint. Net« herunterladen, das unter Windows läuft. Öffnen Sie Ihr Bild dann in diesem Programm, markieren Sie eine Gesichtshälfte und kopieren Sie diese in ein neues Dokument. Dort gehen Sie im Menü »Bild« auf »Drehen/Spiegeln« und klicken »horizontal spiegeln« an. Damit haben Sie eine Ihrer Gesichtshälften schon gedoppelt. Dann gehen Sie zurück auf Ihr Originalbild, holen sich dort die andere Gesichtshälfte, legen ein drittes Dokument an und spiegeln dort wiederum. Fertig!

Natürlich habe ich auch bei mir selbst diesbezüglich einmal genauer hingeschaut. Und siehe da: Der Unterschied ist deutlich zu sehen. Im Beruflichen bin ich kantig, will mich durchsetzen und gehe rational-analytisch vor (quadratisches Gesicht, großflächige Stirn, schmale Oberlippe, gerade Augen, Nasenkanten). Im Privaten bin ich emotional, möchte mich fallen lassen können und Harmonie erleben (ovale Gesichtsform, volle Oberlippe, ausgeprägtes Lippenherz, kleine Stirn, nach oben gerichtete Augen- und Mundwinkel). Das Foto, mit dem ich die Montage gemacht habe, ist einige Jahre alt. Wenn ich neuere Fotos auf diese Weise montiere, zeigt sich, dass die Unterschiede zwischen Rechts-rechts und Links-links geringer geworden sind. Die verschiedenen Seiten meiner Persönlichkeit kommen sich also sichtbar näher.

## Grübchen & Co.

Haben Sie sich schon einmal gefragt, warum alle Menschen Grübchen nicht nur mögen, sondern meist sogar »süß« finden? In Großbritannien soll es sogar einen neuen Trend bei Schönheitsoperationen geben: Immer mehr Menschen lassen sich Grübchen vom Chirurgen machen.

Ich ertappe mich immer wieder dabei, dass ich vor allem angesichts von Grübchen des männlichen Geschlechts in Entzücken verfalle. Vor ein paar Monaten habe ich meine Mutter auf einen meiner Kreuzfahrtschiff-Arbeitseinsätze mitgenommen. Wir machten eine Tour um Nordeuropa, und unter den Passagieren waren auch zwei alleinreisende Herren im Alter meiner Mutter. Einer von beiden hatte diese Grübchen. Mit diesem Mann hatten wir sehr viel Spaß. Er brachte alle zum Lachen, war unglaublich charmant, und jede Dame in seiner Umgebung hatte das Gefühl, »the one and only« zu sein. Solche Erlebnisse habe ich mit Grübchenträgern immer wieder …

Ich habe schon öfter beobachtet, dass es nicht nur mir oder meiner Mutter so geht. Babys und kleine Kinder finden wir oft besonders süß, wenn sie kleine Grübchen im Gesicht oder auf den Schultern haben. Aber auch bei Erwachsenen tragen Grübchen oft dazu bei, das wir Menschen ganz unbewusst als irgendwie netter oder harmonischer wahrnehmen. Grübchen haben einfach irgendwie etwas Nettes, Menschen mit diesen Merkmalen kommen meistens richtig gut an. Und das hat natürlich auch seinen Grund!

Was hat es denn nun auf sich mit diesem so eindrücklichen physiognomischen Merkmal? Konsultiert man Wikipedia, ist dort ganz nüchtern von »kleinen muldenförmigen Einbuchtungen im Gewebe« die Rede, die angeboren oder erworben sein können. Aber seitdem ich mich mit Physiognomik befasse, weiß ich: Es steckt viel mehr dahinter!

Manche Grübchen verstecken sich im Gesicht ihres Trägers und andere treten offen und dauerhaft zutage. Es gibt sie muldenförmig, als vertikale Falten und als sogenannte »Eros-Grübchen«. Letztere sind allerdings meist nur einem ausgewählten Kreis von Zuschauern vorbehalten.

**Versteckte Grübchen (67)** kommen nur zum Vorschein, wenn ihr Träger auf irgendeine Weise sein Gesicht verzieht, vorzugsweise beim Lachen. Sie kennzeichnen Menschen, die Freude daran haben, andere aufzuheitern, gern schwierige Situationen auflösen und sehr gesellig sind.

67

**Dauerhafte Grübchen** sind die potenzierte Form der versteckten. Die Freude daran, andere zum Lachen zu bringen, ist den betreffenden Menschen ganz unmittelbar ins Gesicht geschrieben. Viele Menschen mit diesem Merkmal sind in einem Beruf tätig, in dem sie dieses Talent auch einbringen können. Prominente Beispiele sind der Fernsehmoderator Oliver Geissen oder die amerikanische Schauspielerin Jennifer Garner.

Es kommt vor, dass Grübchen sich nur auf einer Wange zeigen. Abhängig davon, ob es die rechte oder die linke Wange ist, können Sie daraus schließen, ob der betreffende Mensch die Grübchen-Eigenschaften vor allem privat oder eher beruflich lebt.

Vor einigen Jahren war ich auf der Suche nach jemandem, der mir in Sachen Pressearbeit unter die Arme greifen konnte. Die Frau, für die ich mich schließlich entschied, hatte ausgezeichnete Referenzen, viel Berufserfahrung und eine Physiognomie, die dafür sprach, dass sie Dinge tatkräftig und strukturiert anpackte (Kinnpartie am stärksten ausgeprägt, Stirnpartie an zweiter Stelle, schmale Oberlippe, quadratische Gesichtsform, Delegationsfalte, Nasenkanten). Und sie hatte Grübchen, aber nur auf der linken Wange. Tatsächlich erwies sie sich beruflich als tough, agierte durchdacht und planvoll. Sie bremste meine Emotionalität und holte mich, wo nötig, auf den Boden der Tatsachen zurück. Mit der Zeit lernten wir uns besser kennen und freundeten uns allmählich an. Und siehe da: Als Freundin ist die resolute Pressefrau liebenswert und äußerst humorvoll. Sie schafft es immer wieder, mich aufzuheitern und die gemeinsam verbrachte Zeit zu einem Erlebnis zu machen.

**Vertikale Grübchen (68)** sind Längsfalten auf den Wangen eines Menschen, die beim Lachen wie Akkordeonfalten aussehen. Es gibt diesen Typ Grübchen in einfacher oder mehrfacher Ausführung. Vertikale Grübchen sind ein Zeichen für Charme, Umgänglichkeit und Liebenswürdigkeit. Je ausgeprägter, umso mehr. Machen Sie sich bei ihren Trägern auf eine Charmeoffensive gefasst!

68

Mein Faible für männliche Grübchen habe ich ja schon erwähnt. Vor einigen Jahren begegnete mir bei einem meiner ersten Vorträge ein überaus anziehender Mann mit ausgeprägten vertikalen

Grübchen. Ich war damals Single und verliebte mich sofort in ihn. Allerdings wurde mein Gefühlsrausch relativ bald von Ernüchterung abgelöst. Und ich nahm wahr, was ich mit meiner rosaroten Brille zunächst glatt übersehen hatte: Schachbrettfalten auf der Stirn etwa und nach unten gerichtete Augen- und Mundwinkel; alles Zeichen für Frustration, Unzufriedenheit, aber auch Traurigkeit; Gefühle, die sich zunehmend auch bei mir selbst breitmachten. Grübchen, besonders, wenn es viele vertikale sind, stechen uns nun einmal besonders ins Auge. Aber auch wenn Ihr Gegenüber ein Prachtexemplar von Grübchenträger sein sollte: Achten Sie auch auf seine restliche Physiognomie.

Sie wollen jetzt aber endlich wissen, was **Eros-Grübchen (69)** sind? Na gut: Es sind zwei weiche Dellen knapp oberhalb des Gesäßes, beiderseits der Lendenwirbelsäule. Sie sind ein Anzeichen dafür, dass ihr Träger bzw. ihre Trägerin viel Sinn für Erotik hat.

Sie können sich denken, dass bei meinen Kreuzfahrteinsätzen die Teilnehmer meiner Seminare spätestens am vierten Tag am Swimmingpool und in der Sauna mit geschultem Blick unterwegs sind. Gegen Ende der Kreuzfahrt bekomme ich dann die jeweilige Grübchen-Statistik …

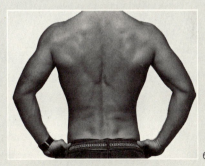

69

# Übung 11

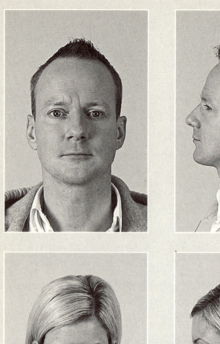
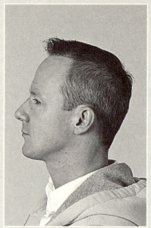

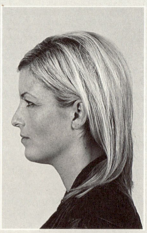

Sie kennen nun die wichtigsten physiognomischen Merkmale. Wie steht's: Möchten Sie sich vielleicht an einer Rundum-Analyse versuchen? Schauen Sie sich die obenstehenden Bilder an und lesen Sie die Gesichter von Susanka und Hans.
Die Auflösung finden Sie im Anhang.

# Welcher Typ sind Sie?

Im Laufe meiner Arbeit mit Physiognomik und Körpersprache stieß ich immer wieder auf bestimmte Muster in den Gesichtern, in der Körpersprache und der Statur von Menschen und auch in ihrer Art zu sprechen. Schließlich haben sich vier Konstitutionstypen herauskristallisiert, die ich Ihnen im Folgenden genauer vorstellen möchte. Die Kenntnis der Konstitutionstypen hilft Ihnen dabei, sich einen ersten Eindruck davon zu machen, in welche Richtung ein Mensch tendiert. Allerdings werden Sie nur selten Repräsentanten eines Typus in Reinform vorfinden. Die meisten Menschen sind Mischtypen. Nutzen Sie die Merkmale der vier Typen also als Einschätzungshilfe – ohne den Anspruch, damit Ihr Gegenüber komplett zu erfassen – und bleiben Sie offen für Details und Überraschungen. Als Faustregel können Sie sich merken: Wenn bei Ihrem Gegenüber fünf bis sechs Merkmale konsequent in Richtung eines bestimmten Konstitutionstyps weisen, können Sie davon ausgehen, dass der betreffende Mensch in seinem Verhalten vieles von einem »Macher«, einem »Emotionalen«, einem »Rationalen« oder einem »Pionier« haben wird.

Der **Macher** ist ein Mensch, der es liebt, sichtbar zu sein, wahrgenommen zu werden. Er benötigt Abwechslung, schätzt Herausforderungen und strebt nach Selbstverwirklichung. Macher verfügen über jede Menge Energie und sind sehr willensstark. Sie sind gerne und fast ständig aktiv, Ruhepausen gönnen sie sich nur selten, und Entspannung finden sie am ehesten in körperlicher Bewegung. Macher sind gute Planer und möchten in ihrem jeweiligen Metier zu den Besten gehören. Das Hauptmotiv ihres Lebens lautet: »Was kann ich alles noch erreichen?« Sie setzen sich leidenschaftlich für ihre Ziele ein, akribische Kleinarbeit ist ihnen dabei allerdings eher zuwider.

Freiheit geht den Machern über alles; sie lassen sich nur ungern von anderen Menschen dominieren und einnehmen. Im Umgang mit ihren Emotionen können sie sehr pragmatisch sein. Ein Macher hat seine Gefühle in aller Regel im Griff, und er kann seine Meinung mit aller Härte äußern. Dabei legt er jedoch Wert auf einen fairen und respektvollen Umgang miteinander.

Beruflich findet man den Macher in vielen Funktionen, meist aber mit Führungsverantwortung: beispielsweise als Manager, als Handwerker mit eigenem Betrieb, als Trainer oder Lehrer. Ihr ausgeprägtes ästhetisches Grundempfinden prädestiniert Macher aber auch zu künstlerischen Berufen.

Eine deutliche charakterliche Tendenz in Richtung »Macher« ist häufig auch im körperlichen Erscheinungsbild erkennbar: Die betreffenden Menschen sind meist groß und athletisch gebaut, mit breiten Schultern und sichtbaren Muskeln. Ihr Gesicht ist kantig, die Nase oft groß, der Nasenrücken breit; Anzeichen für große Belastbarkeit. Kinn und Innenohr sind deutlich ausgeprägt, ebenso die Wangenknochen. Die Augen sind schmal-länglich geformt und stehen häufig eng beieinander, denn Macher sind gute Beobachter. Ihr Augenstand ist hoch, was eine schnelle Auffassungsgabe anzeigt. Der Mund ist meist normal groß, oft ist die Unterlippe dominant und tritt leicht hervor. Typische Macher haben meist viele Haare und lange, schlanke Finger.

Was die Körpersprache angeht, erkennt man den Macher an seiner deutlich sichtbaren Körperspannung, seinem selbstbewussten, eleganten Gang und seiner aufrechten Kopfhaltung, unter Umständen mit leicht vorgeschobenem Kinn. Er oder sie kann lange Augenkontakt halten und wirkt insgesamt sehr präsent. Körperliche Gesten fallen groß und ausgeprägt aus und werden bewusst eingesetzt. Die Stimme ist meist voll, mit einer angenehmen Sprachmodulation und einem ansprechenden Sprechtempo.

Angela Merkel ist das Beispiel eines Menschen mit einer deutlichen Macher-Tendenz, aber auch der Schauspieler Brad Pitt.

Menschen, die zum Typus des **Emotionalen** tendieren, gehen Harmonie und das Zusammensein mit anderen Menschen über alles. Wo diese Bedürfnisse erfüllt werden, laufen Emotionale zur Hochform auf und können kreative Meisterleistungen vollbringen. Sie strahlen dann eine intensive Freude und Heiterkeit aus, sind empathisch und gelassen. Schlechte Stimmung und eine unangenehme Atmosphäre übertragen sich auf Emotionale sehr schnell und beeinträchtigen sie.

Emotionale brauchen Kontinuität und sind ihrerseits sehr beständig. Veränderungen stellen eine Herausforderung für sie dar; Entscheidungen treffen sie eher ungern und benötigen dazu viel Bedenkzeit, um eventuelle Risiken abzuwägen. Werden selbstgesteckte Ziele nicht erreicht, färbt dies bei Emotionalen stark auf das Selbstbewusstsein ab. Auch unter Druck zu arbeiten verunsichert sie.

Menschen vom emotionalen Typus sind bindungsstark. Sie sind häufig ausgesprochene Familienmenschen und haben Freude daran, anderen zu helfen, sie zu beschenken und im sozialen Miteinander zu vermitteln. »Wie kann ich Gutes tun?« – so könnte man ihr Lebensmotto umschreiben. Folgerichtig sind Emotionale häufig in helfenden Berufen tätig: als Krankenschwester, Altenpfleger, Erzieherin, Psychologe oder Sozialpädagogin. Auch in künstlerischen Berufen sind sie häufig anzutreffen.

Der typische Emotionale ist körperlich schmal und feingliedrig, mitunter aber auch groß und sehnig. Der Brustkorb ist flach, oft sind die Rippen von außen erkennbar. Arme und Beine sind schlank, die Haare fein – oft gewellt –, die Haut zart, häufig mit durchscheinenden Adern. Das Gesicht ist dreieckig oder oval geformt, mit runden Ohren und großen, eindrucksvollen Augen. Der Mund ist normal groß, aber oft voll, mit einer dominanten Oberlippe. Das Kinn ist fein und weich. Emotionale haben häufig Grübchen in den Wangen oder am Kinn.

Ihre Körpersprache ist gekennzeichnet durch einen tänzerisch-leichten Gang mit kleinen Schritten. Die Augen sind schnell und wach: Emotionale möchten bei den anderen nichts verpassen. Sie stehen oder sitzen im Gespräch lieber neben anderen Menschen als frontal gegenüber; häufig suchen sie Körperkontakt. Ihre Stimme ist eher hoch, Sprachmelodie und Gestik sind lebhaft. Fühlen sie sich wohl, ist ihre Körperhaltung offen, mit einer lockeren Armhaltung, nach außen gewendeten Handflächen und häufig geneigtem Kopf. Umgekehrt sieht man einem Emotionalen rasch an, dass er sich unwohl fühlt: Dann schützen die Hände den Bauchraum, der Kopf ist gesenkt.

Die Schauspielerin Romy Schneider ist ein eindrucksvolles Beispiel für den emotionalen Typus.

Die Menschen vom Typus des **Rationalen** sind die Logiker unter uns. Sie können in der Regel gut mit Zahlen, Daten und Fakten umgehen, legen Wert auf greifbare, gut untermauerte Fakten und materiellen Besitz. Ihr Denken ist systematisch, analytisch und strukturiert, darüber hinaus sind sie gute und schnelle Leser. Rationale sind selbstbewusst und stehen mit beiden Beinen auf der Erde. Als gute Planer behalten sie auch über lange Sicht den Überblick. Ihre Konzepte setzen sie ernsthaft, geduldig und mit Tatkraft um. Für Rationale ist wichtig, wie andere über sie denken. Sie agieren meist regelkonform und pragmatisch.

Rationale Menschen sind kontaktfreudig und werden von anderen als nüchterne Ratgeber geschätzt. Sie sind gewissenhaft und zuverlässig; ihr Lebensmotto könnte man umschreiben mit »Was bringt mir das?«. Körperliche Kraftanstrengung und Bewegung sind eher nichts für sie.

Beruflich sind sie oft als (Natur-)Wissenschaftler tätig, als Betriebswirt, IT-Fachmann, Controller, Steuerberaterin oder Anwältin, in Sekretariat oder Buchhaltung oder als Beamte. Was ihr körperliches Erscheinungsbild angeht, sind sie oft mittelgroß, stämmig bis korpulent, mit wenig Muskeln und einem dominanten Rumpf bei gleichzeitig schmalen Schultern. Hals, Arme und Beine sind verhältnismäßig kurz, Hände und Finger klein, der Kopf hingegen groß, oft mit quadratischer Gesichtsform. Die Stirn ist hoch und ausgeprägt, die Augen eher schmal bei normalem bis weitem Augenabstand. Der Mund ist normal groß bis klein, mit schmaler Ober- und fleischigerer Unterlippe. Das Kinn ist ausgeprägt, oft kantig und nach vorn geschoben.

Bei der Körpersprache ist der eher langsame, kräftige, ruhig und eindrucksvoll wirkende Gang charakteristisches Kennzeichen des rationalen Typus. Seine Arme bewegt er kaum, oft stecken die Hände in den Hosentaschen oder sind hinter dem Rücken verschränkt. Beim Stehen sind die Knie meist durchgestreckt und die Füße ruhen fest am Boden. Mimik und Gestik setzt der Rationale sparsam, aber gezielt ein. Sein Blick ist kaum jemals feurig, aber ruhig und stetig. Er hört aufmerksam zu und schaut seinem Gegenüber dabei in die Augen.

Helmut Kohl und UBS-Chef Oswald Grübel sind prominente Beispiele für den rationalen Typus.


Den **Pionieren** unter uns verdanken wir den technischen, wirtschaftlichen und ökonomischen Fortschritt der Welt. Sie sind diejenigen, die das Bestehende permanent hinterfragen und weiterentwickeln oder durch etwas Neues ersetzen. Ständig auf der Suche nach neuen Herausforderungen, lieben sie die Veränderung. »Nur tote Fische schwimmen mit dem Strom« – so könnte das Lebensmotto eines typischen Pioniers lauten. Er sagt, was er denkt, eckt gerne an und grenzt sich sogar bewusst aus. Angetrieben von seiner Neugier, wird er sehr schnell unruhig, verliert dabei aber nie sein Ziel aus den Augen. Von allen vier Konstitutionstypen ist er der risikofreudigste: Je ungewisser eine Sache, umso besser. Gleichzeitig aber arbeitet er tatkräftig und leidenschaftlich auf die Verwirklichung seiner Vision hin. Ein typischer Pionier sprüht nur so vor Energie und kreativen Ideen. Er ist offen für Ideen anderer, lässt sich aber ungern dominieren.

Pioniere sind häufig als Philosophen, Wissenschaftler, Erfinder oder Programmierer tätig, oder auch im künstlerischen Bereich.

Körperlich erkennt man sie daran, dass ihre Gestalt oft disharmonisch wirkt, beispielsweise, wenn der Rumpf sehr lang, die Arme oder Beine aber auffallend kurz sind. Die Disharmonie kann sich auch im Gesicht zeigen, etwa in unterschiedlich hohen Augen oder anderen deutlich erkennbaren Unterschieden zwischen rechter und linker Gesichtshälfte. Das Gesicht ist oft spitz und kantig geschnitten, mitunter auch breit; die Gesichtsform ist dreieckig oder quadratisch. Die Ohren sind kantig und manchmal abstehend, häufig sind Delegationsfalte, pädagogische Falte und Beharrlichkeitsfalte deutlich ausgeprägt. Jede einzelne dieser Falten spricht für Anteile einer Pionier-Natur; sind alle drei Falten vorhanden, ist das ein starkes Indiz für einen Pionier. Die Augen sind schmal länglich, mit ausgeprägtem Neigungswinkel nach oben und hohem Augenstand. Die Augenbrauen sind deutlich abgewinkelt, mit dem größten Abstand zum Auge im ersten oder dritten Bereich. Die Wangenknochen sind deutlich erkennbar, das Kinn ist oft spitz und vorspringend. Beim Mund sind die Lippen gleich stark ausgeprägt, mitunter ist die Unterlippe größer. Häufig findet man bei

Pionieren den Mickymaus-Haaransatz als Zeichen eines besonderen kreativen Potenzials.

Was ihre Körpersprache angeht, kann man die Pioniere schwer übersehen: Ihre Gestik ist lebendig bis fahrig, oft bewusst inszeniert. Insgesamt wirken sie zappelig bis hektisch, auch der Kopf ist stets in Bewegung, ebenso wie die Augen. In ihren raren Ruhephasen wirken Pioniere dagegen oft vollkommen phlegmatisch. Ihr Gang ist schnell und – außer auf Teppichboden – meist unüberhörbar. Oft sprechen sie laut und schnell.

Prominente Pioniere sind beispielsweise Barack Obama und Albert Einstein.

Haben Sie sich selbst schon in einer der vier Beschreibungen wiedergefunden? Falls nicht, denken Sie daran, dass die meisten von uns Mischtypen sind. Um genauer herauszufinden, in welche Richtung Sie am ehesten tendieren, können Sie den folgenden Test machen.

## Welcher Konstitutionstyp sind Sie?

Verteilen Sie die Zahlen 1–4 auf jede der folgenden Aussagen. Jede Zahl wird dabei pro Aussage nur einmal vergeben, und zwar folgendermaßen:

4 = Die Aussage trifft am besten auf mich zu.

3 = Die Aussage trifft am zweitbesten auf mich zu.

2 = Die Aussage trifft weniger für mich zu.

1 = Die Aussage trifft kaum auf mich zu.

1.  *Wenn ich anderen Menschen begegne, ...*

○ bin ich sehr interessiert und möchte wissen, wie es meinem Gesprächspartner wirklich geht.

○ sammle ich Informationen meines Gegenübers und binde diese in das Gespräch mit ein.

○ lenke ich die Aufmerksamkeit auf mich und werde zum Mittelpunkt des Geschehens.

○ beobachte ich, höre interessiert zu und antworte taktisch und eher überlegt.

2. *Wenn ich eine Vision habe, ...*

○ gibt es für mich nur einen Weg, diese Vision entschlossen zu verwirklichen.

○ agiere ich schnell und dynamisch.

○ wäge ich vorsichtig alle Für und Wider ab.

○ gibt es für mich viele Wege der Umsetzung.

3. *Wenn ich mit einem Vertreter des anderen Geschlechts kokettiere, ...*

○ konzentriere ich mich voll und ganz auf die Situation und gebe mich völlig hinein.

○ erzeuge ich eine große Wirkung und weiß genau, was mein Gegenüber hören möchte.

○ bin ich authentisch und zeige mich so, wie ich bin.

○ ist es mir wichtig, möglichst viel vom anderen zu erfahren.

4. *Mein Wohnstil ist ...*

○ reduziert und modern.

○ praktisch.

○ extravagant und auffällig.

○ gemütlich und heimelig.

5. *Beim Einkaufen ...*

○ ist mir das Preis-Leistungs-Verhältnis sehr wichtig.

○ setze ich auf Qualität und wähle bewusst aus.

○ komme ich so richtig in Fahrt und kann mich nur schwer stoppen.

○ suche ich gezielt nach Neuheiten und technischen Highlights.

6. *Wenn es Probleme in der Partnerschaft gibt, ...*

○ kann ich übellaunig, gestresst und ungehalten reagieren.

○ ziehe ich mich zurück und denke über Lösungen nach.

○ kann ich pragmatisch reagieren und schnell eine Entscheidung fällen.

○ muss ich das Problem thematisieren, um es zu begreifen und zu lösen.

7. *Wenn ich in einer Gruppe arbeite, ...*

○ übernehme ich recht schnell die Führung.

○ lege ich mich mit den Kollegen des Öfteren an.

○ agiere ich gelassen und verschaffe mir immer wieder den Überblick.

○ konzentriere ich mich auf meine Aufgabe und bearbeite diese sorgfältig und nach bestem Wissen.

8. *Entspannung finde ich ...*

○ auf meinem Sofa.

○ im Kreise meiner Freunde.

○ mal in der Bewegung, mal in der Ruhe.

○ am besten beim Sport.

9. *Wenn ich meinen Körper analysiere, ...*

○ sehe ich einen stabilen Knochenbau und feste Muskulatur.

○ erkenne ich einen zierlichen Körper mit feiner Muskulatur.

○ finde ich einen durchschnittlich großen Körper mit leichten Fettansätzen an Bauch, Hüfte, Beinen oder Po.

○ sehe ich sehr kurze oder sehr lange Beine und Arme.

10. *Entscheidungen treffe ich ...*

○ schnell und ohne große Überlegung.

○ langsam und abwägend: Was sind die Vor- und Nachteile, und wie können die Konsequenzen der Entscheidung aussehen?

○ risikofreudig und schnell.

○ nach dem Motto »Wer nicht wagt, der nicht gewinnt«.

11. *Ich bewege mich ...*

○ stilvoll wie eine Gazelle.

○ beschwingt und unbedarft.

○ ruhig und bedächtig.

○ unausgewogen, fahrig, schnell.

12. *Wenn ich mein Leben Revue passieren lasse, ...*

○ habe ich viel erreicht, aber es liegen auch noch große Ziele vor mir.

○ ist vieles von meinen Wünschen, Zielen eingetreten.

○ freue ich mich auf das, was noch alles kommt.

○ bin ich immer auf der Suche nach etwas Neuem.

139

13. Mein Gesicht zeichnet sich aus durch ...

○ kantige, spitze und asymmetrische Formen.

○ feine Haut, eine dreieckige oder runde Form.

○ eine längliche Gesichtsform und eine prägnante Nase.

○ runde Formen und eine eher großporige Haut.

14. Wenn ich unter Stress stehe, ...

○ geht es drunter und drüber.

○ laufe ich zu meiner Hochform auf.

○ habe ich Angst, wichtige Dinge zu vergessen.

○ werde ich unruhig, sarkastisch und neige dazu, Fehler zu machen.

15. In meinem Bücherregal befinden sich vorwiegend ...

○ Sachbücher.

○ Belletristik.

○ Lebenshilfe und andere Ratgeber.

○ wissenschaftliche Bücher.

16. *Im Urlaub ...*

○ bin ich immer über Handy und Mail erreichbar.

○ möchte ich das Leben genießen und Spaß haben.

○ möchte ich möglichst viel Neues und Unbekanntes entdecken.

○ mache ich verrückte Dinge und gehe oft an meine Grenzen.

17. *Wenn andere mit ihren Sorgen zu mir kommen, ...*

○ höre ich mir ihre Probleme mitfühlend an und muntere sie auf.

○ schaue ich mir die Situation aus allen Perspektiven an und berate mein Gegenüber.

○ analysiere ich die Situation sachlich und sage meine ehrliche Meinung dazu.

○ bin ich direkt und sage meine Meinung.

Übertragen Sie nun bitte die Zahlen jeder Antwort in genau der Reihenfolge ihrer Benennung in die nachfolgende Tabelle:

| 1 | 2 | 3 | 4 | 5 | 6 | 7 | 8 | 9 | 10 |
|---|---|---|---|---|---|---|---|---|----|
| B | A | D | A | C | D | A | C | A | A |
| D | D | A | C | A | C | D | B | B | C |
| A | C | C | D | B | A | C | D | C | B |
| C | B | B | B | D | B | B | A | D | D |

| 11 | 12 | 13 | 14 | 15 | 16 | 17 |
|----|----|----|----|----|----|----|
| A  | A  | D  | B  | A  | A  | B  |
| B  | C  | B  | A  | B  | B  | A  |
| C  | B  | A  | C  | C  | C  | C  |
| D  | D  | C  | D  | D  | D  | D  |

Nun zählen Sie zusammen, auf wie viele A-Punkte, B-Punkte, C-Punkte und D-Punkte Sie kommen. Schreiben Sie die Zahlenwerte unter den jeweiligen Begriff. Dort, wo es die meisten Punkte gibt, liegt Ihre Tendenz bzw. Ihr Konstitutionstyp.

*A = der Macher*
*B = der Emotionale*
*C = der Rationale*
*D = der Pionier*

Viele meiner Kunden verlassen die Beratungsstunde nach diesem Test anders, als sie gekommen sind: Ihr Selbstbild ist in Bewegung geraten.

Beispielsweise gab es eine junge Frau, die sich selbst als emotionalen Menschen mit starkem Harmoniebedürfnis einschätzte, der es allen anderen immer recht zu machen versuchte. Ich war anderer Ansicht, behielt meine Einschätzung aber zunächst für mich und bat sie, den Test zu machen. Heraus kam: rational mit emotionalen Tendenzen. Die junge Frau – schüchtern, zurückhaltend und unauffällig – mochte das zunächst nicht recht glauben. Sie war bei mir in Ausbildung und arbeitete daher ständig in der Gruppe mit anderen Teilnehmern zusammen. Ohne dass ich in irgendeiner Weise ins Geschehen eingriff, kam es immer wieder vor, dass die anderen ihr zurückspiegelten, wie analytisch-rational sie an Fragen und Probleme heranging, wie systematisch sie nachfragte und nach Ursachen forschte.

Nach und nach begann die junge Frau sich zu verändern – in ihrem Verhalten, aber auch in ihrer äußeren Erscheinung. Sie trat selbstsicherer und zunehmend humorvoll auf. Es fiel ihr leichter, sich abzugrenzen und das zu tun, wonach ihr der Sinn stand. Inzwischen hat sie ihre rationalanalytische Wesensart angenommen und ist damit bei sich selbst angekommen.

Das Wissen um die Konstitutionstypen hilft Ihnen also nicht nur dabei, andere einzuschätzen und auf die passende Art mit ihnen zu kommunizieren. Sie können es auch nutzen, um mehr im Einklang mit sich selbst zu leben und herauszufinden, wer und was Ihnen wirklich guttut, was Ihre zentralen Werte sind und wohin Sie im Leben wollen.

Meine Kreuzfahrteinsätze sind immer eine wunderbare Gelegenheit, das Freizeitverhalten der unterschiedlichen Konstitutionstypen zu studieren. Was meinen Sie: Wen findet man vor allem auf einem Kreuzfahrtschiff?

In erster Linie den Macher: Er hat dort jede Menge Abwechslung und kann ständig in Bewegung bleiben: beim Sport, bei Kreativkursen, bei Wellness-Aktivitäten oder Gesellschaftsspielen. Zwischendurch kommt es ab und zu vor, dass ein Macher sich erschöpft in einen Liegestuhl fallen lässt, aber spätestens nach zwei bis drei Stunden ist er wieder fit und mischt sich unters Volk.

Auch der Emotionale macht gerne Kreuzfahrten oder geht als Gast in einen Ferienclub. Er kann dort sein soziales Bedürfnis ausleben und sich intensiv mit anderen Menschen austauschen. Emotionale findet man durchaus auch für längere Zeit am Strand oder im Liegestuhl, wo sie entspannen und den Alltag, in dem sie oft genug als Versorgende und Helfer tätig sind, hinter sich lassen können.

Rationale hingegen werden Sie kaum an Bord eines Kreuzfahrtschiffes antreffen, und wenn sich doch mal einer dorthin verirrt, dann häufig nur, um nicht alleine zu sein. So richtig glücklich werden Rationale mit dieser zunächst so praktisch anmutenden Lösung dann allerdings oft nicht. Ich erinnere mich noch an einen Professor der Herzchirurgie, der sich an Weihnachten in die Karibik verirrt hatte, weil er die Festtage nicht allein zu Hause verbringen wollte. Die Animationen und Angebote an Bord empfand er jedoch als »Pipifax« und war entsprechend genervt. Die Ausflüge an Land konnten seinen kulturellen Anspruch ebenfalls nicht wirklich befriedigen. Menschen vom Typus des Rationalen wollen auch im Urlaub den Nutzen-Aspekt nicht missen. Dieser kann in vertieften Kenntnissen über ein Land und dessen Geschichte bestehen oder auch in musikalischen oder anderen künstlerischen Hochgenüssen. Der Rationale ist damit prädestiniert beispielsweise für Städtetrips.

Pioniere sind ebenfalls keine typischen Kreuzfahrtpassagiere. Sie würden sich auf einem Schiff unfrei fühlen. Lieber ziehen sie mit Tuaregs durch die Wüste, bereisen Australien mit dem Rucksack oder verweilen ein paar Wochen in einem Mönchskloster in Asien, ohne genaues Ziel oder einen Plan. Sie lieben auch in den Ferien das Abenteuer, möchten in andere Welten eintauchen und sich treiben lassen.

Das Bedürfnis nach Abwechslung und Abenteuer teilt, wenn auch in weniger ausgeprägter Form, auch der Macher. Extremsportler sind meist Macher und Pioniere, und Pioniere sind es auch, die neue verrückte Sportgeräte oder Sportarten entwickeln. Emotionale stehen dagegen mehr auf Teamsportarten, gerne auch im Verein. Als guter Menschenkenner wissen Sie nun schon, warum das so ist: Es kommt dabei entscheidend auf Kommunikation und Harmonie an. Und die Rationalen? Sie werden dann sportlich aktiv, wenn der Arzt ihnen dies verordnet oder eine Sportart ihnen einen weitergehenden Nutzen bietet. Beim Golfen beispielsweise lassen sich wunderbar Geschäfte einfädeln …

Sie können die unterschiedlichen Konstitutionstypen auch an ihren Haustieren erkennen. Der französische Veterinär Michel Klein hat sich genauer damit befasst, was der Charakter eines Menschen mit seiner Beziehung zu Tieren zu tun hat. »Katzenmenschen« sind demnach freiheitsliebend und unabhängig. Sie sind sehr eigenständig und dominant. Erkennen Sie den Macher wieder?

Hundeliebhaber sind laut Kleins Studien großmütig und gefühlvoll, lieben das Familienleben, wollen respektiert werden und wünschen sich für ihr Leben einen festen Rahmen – Charakteristika, die auch den Emotionalen auszeichnen.

Die Haltung von Fischen in Aquarien ist ein sehr anspruchsvolles Hobby, das eine gewisse Fachkenntnis erfordert – ein gefundenes Fressen für den Rationalen. Wer sich für Reptilien begeistert, hat nach Michel Klein die Tendenz, sich von der Welt abzusondern und den Anspruch, etwas Besonderes zu sein. Reptilienfans sind Grenzgänger, die das Risiko lieben und einen wachen Blick für die Stärken und Schwächen ihrer Mitmenschen haben. Hier sind deutlich die Pioniere und Macher erkennbar.

Vor einigen Jahren war ich beratend für einen großen deutschen Haustierbedarf-Discounter tätig und hatte dabei Gelegenheit, mich selbst mit den unterschiedlichen Typen von Tierhaltern, ihren Motiven und nicht zuletzt auch ihren Haustieren auseinanderzusetzen.

Die besterzogenen Hunde waren in der Regel die von Machern und Rationalen. Kein Wunder, denn diese Hunde hatten meist eine ganz konkrete Aufgabe als Wach-, Such- oder Jagdhund, sprich: einen klar definierten Nutzen. Die Hunde von Emotionalen waren meist verwöhnt und erzogen ihre Herrchen und

Frauchen, statt ihrerseits erzogen zu werden. Auch den Besuch eines Herrn mit Chamäleon an der Leine und einer Dame samt Papagei werde ich so rasch nicht vergessen. Physiognomisch waren sowohl der Herr als auch die Dame deutlich als Pioniere zu erkennen.

Auch das unterschiedliche Kaufverhalten der jeweiligen Typen war sehr spannend zu beobachten. Die Macher strebten festen Schrittes in den Laden und zielstrebig auf den Artikel zu, den sie suchten. Sie wussten genau, wo sich was befand, und hatten innerhalb von fünf bis sieben Minuten das Geschäft wieder verlassen. Die Emotionalen suchten Kontakt zum Verkaufspersonal und ließen sich gerne auf eine Plauderei ein. Der längste Besuch eines Emotionalen dauerte anderthalb Stunden. Pioniere ließen sich gern zu Artikeln beraten, die neu im Sortiment waren. Außerdem waren sie immer für ein Gespräch über ihre extravaganten Tiere zu haben. Die Rationalen waren die am besten informierten Kunden. Bei Anschaffungen über 50 Euro hatten sie vorab bereits im Internet recherchiert und suchten nun fachmännische Beratung, um ihre Kaufentscheidung vor der Umsetzung noch einmal zu überprüfen. Überzeugen konnte man sie nur mit Zahlen und Fakten, eigenen Erfahrungen und Gütesiegeln der Stiftung Warentest oder des Verbrauchermagazins Ökotest.

Wie bei Menschen, die lange zusammenleben, kann man auch bei langjährigen Haustieren und ihren Besitzern gewisse äußere Ähnlichkeiten feststellen. Ich persönlich glaube, dass wir uns bei der Auswahl eines Welpen, eines Kätzchens oder eines anderen zukünftigen Mitbewohners bereits für ein Tier entscheiden, das uns aufgrund einer intuitiv empfundenen Ähnlichkeit mit uns selbst besonders anzieht.

Bei meinen Joggingtouren im Wald begegnen mir immer wieder freilaufende Hunde. Meist sind die Herrchen oder Frauchen in unmittelbarer Nähe. Ich habe mir angewöhnt, zuerst den Hund ein wenig zu studieren, bevor ich seinen Besitzer anschaue. Spaßeshalber versuche ich im Geiste eine Prognose über sein bzw. ihr Aussehen und Verhalten anzustellen. Und ich liege nur selten daneben. Ist der Hund freundlich, läuft vielleicht sogar ein Stück mit mir mit, so ist es das Herrchen oder Frauchen meistens auch. Würdigt der Hund mich keines Blickes, passiert mir mit seinem Besitzer in der Regel dasselbe. Häufig haben beide die gleiche Haarfarbe oder -struktur. So begegne ich täglich meinem »Charleston-Paar«, wie ich sie liebevoll getauft habe: Das Herrchen trägt seine üppig gelockten schwarzen Haare nach hinten gegelt, der Hund hat die gleichen Locken, allerdings ohne Gel. Sogar die Haarfarbe ist die gleiche.

Meine Mutter bekam vor vielen Jahren einen kleinen Mischling geschenkt. Bis heute sind wir nicht dahintergekommen, wer da so alles an seinem Stammbaum beteiligt war. Sicher ist allerdings, dass ein Rauhhaardackel und ein Terrier unter den Vorfahren sind. Dieser Hund hat das struppigste Fell, das man sich vorstellen kann. Meine Mutter und er im Zweierpack sind eine echte Wucht. Haartechnisch gleichen sie sich wie Zwillinge.

Mit den physiognomischen Merkmalen und den Konstitutionstypen haben Sie ein Werkzeug zur Hand, das Sie weltweit einsetzen können. Es gehört etwas Übung und Beobachtung dazu, beispielsweise einen Vietnamesen, Afrikaner oder Inder zu »lesen«. Das liegt daran, dass wir Europäer dazu neigen, Menschen anderer Ethnien als einander äußerlich sehr ähnlich wahrzunehmen – ganz zu Unrecht. Die Kunst des Gesichterlesens schärft Ihren Blick für die individuellen Unterschiede. Bei meinem letzten Aufenthalt in Asien habe ich eine Woche lang genau hingeschaut und die Formen-Vielfalt asiatischer Augen entdeckt. In Indien habe ich festgestellt, dass es dort insgesamt weniger kantige Gesichter gibt als bei uns in Europa.

Im vergangenen Jahr habe ich gemeinsam mit einer Freundin Urlaub in Brunei gemacht. Wir sind beide Macherinnen, und so waren wir uns rasch einig, was unsere Pläne für Unternehmungen anging: mit einem Schnellboot die Mangrovenwälder erkunden und die traditionellen Pfahlbauten besichtigen, am liebsten bei einer Familie, die in einem solchen Haus lebte – das war es, was wir wollten. Blieb nur noch, den geeigneten Führer zu finden. Abenteuerlustig machten wir uns auf die Suche. Angebote gab es jede Menge, dennoch konnten wir uns nicht so recht für eines davon entscheiden. Bis ich einen Fischer sah, der sich eher im Hintergrund hielt. Er hatte ein dreieckig geformtes Gesicht mit deutlich erkennbaren emotionalen Merkmalen. Ihn fragten wir, ob er uns führen wollte, und wir haben es nicht bereut, denn er erwies sich als der geborene Fremdenführer. Wir bekamen an diesem Tag einen ebenso detaillierten wie unvergesslichen Eindruck von seinem Land, nicht zuletzt durch einen Besuch bei einer Bootsbauerfamilie, die in den besagten Pfahlbauten lebte.

Nicht nur an diesem Urlaubstag hat die Physiognomik mir dabei geholfen, mit den richtigen Menschen in Kontakt zu kommen. Ich nutze sie eigentlich ständig und merke manchmal kaum noch, dass ich schon wieder dabei bin, Gesichter zu lesen. Weil sie mein Leben so sehr bereichert, ist sie mir gewissermaßen in Fleisch und Blut übergegangen. Wie Sie die Physiognomik für Ihr Leben nutzen können, möchte ich im folgenden Kapitel noch etwas näher beschreiben.

# KAPITEL 4

## LEICHTER LEBEN: DAS GEHEIMNIS DES GESICHTER-LESENS IM BERUFLICHEN UND PRIVATEN ALLTAG

In Sachen Physiognomik sind Sie nun endgültig kein Neuling mehr: Sie haben die wichtigsten physiognomischen Merkmale und einige spannende Extras kennengelernt. Und Sie verfügen über Kenntnisse der physiognomischen Konstitutionstypen.

Wenn ich in den letzten Kapiteln von meinen Erfahrungen in Seminaren und im Umgang mit meinen Klienten erzählt habe, ist Ihnen sicher die eine oder andere Begebenheit aus Ihrem eigenen Alltag eingefallen. Im Folgenden möchte ich Ihnen einige Anregungen geben, wie Sie die Kunst des Gesichterlesens in ganz konkreten Bereichen einsetzen können. Ihr neuerworbenes Wissen in Sachen Menschenkenntnis kann Ihnen dabei helfen, Beziehungen besser zu gestalten, leichter mit anderen Menschen in Kontakt zu kommen, Konflikte zu verstehen und schwierige Situationen erfolgreich zu meistern.

Beruf und Privatleben sind dabei natürlich die wichtigsten Bereiche. Lassen Sie uns am besten mit **dem** Thema schlechthin beginnen: Liebe und Partnerschaft. Vielleicht sind Sie bereits in einer langjährigen Beziehung und fragen sich manchmal, warum an Ihrem Partner immer wieder neue Seiten zum Vorschein kommen? Oder Sie sind Single und würden Ihr Gegenüber beim ersten Date gerne besser einschätzen können? Sie werden staunen, wie Ihnen die Physiognomik in Sachen Liebe helfen kann.

## Physiognomik für Paare:
## Bist du mein Typ, bin ich deiner?

Mr. Right trifft Mrs. Right, und fortan leben sie glücklich miteinander bis ans Ende ihrer Tage. Wenn es nur so einfach wäre. Egal, ob Sie in einer festen Beziehung leben, gerade glücklich solo sind oder aber eine Partnerin, einen Partner suchen: Dass es durchaus Arbeit macht, ihn oder sie zu finden – und zu halten – wissen wir alle. Dennoch steht eine dauerhafte, tragfähige Zweierbeziehung auf der Wunschliste der meisten Menschen ganz weit oben.

An Anleitungen dazu, wie dieser Wunsch Wirklichkeit wird, fehlt es nicht. Pierre Franckhs »Glücksregeln für die Liebe« und Bärbel Mohrs »Zweisam statt einsam« sind zwei besonders gelungene Beispiele. Beide Bücher beschreiben sehr einfühlsam, dass die erste und wichtigste Voraussetzung dafür, den richtigen Partner zu finden, unsere eigene Bereitschaft zu lieben ist. Einer meiner persönlichen Leitsätze von Pierre Franckh lautet: »Du musst deinen Partner nicht finden, du musst nur bereit sein, ihn zuzulassen. Eine tiefe und wahre Liebesbeziehung führen zu wollen ist eine Entscheidung. Fang an, dich zu entscheiden.«

Überlegen Sie also: Sind Sie »von Kopf bis Fuß auf Liebe eingestellt«? Gilt das auch dann noch, wenn Sie vielleicht schon seit längerem in festen Händen sind? Denn auch oder gerade in einer langjährigen Beziehung wird Ihr Partner spüren, ob und wie sehr Sie sich im täglichen Leben für Ihre Liebe zu ihm oder ihr entscheiden.

Ganz gleich also, ob Sie auf der Suche oder bereits gebunden sind: Es ist lohnend, sich regelmäßig Klarheit darüber zu verschaffen, was Sie sich von einer Beziehung wünschen, was Sie selbst bereit sind einzubringen und was Sie vom anderen erwarten. Ist Ihre Erwartung möglicherweise, dass Ihr Partner Eigenschaften und Fähigkeiten mitbringt, die Sie selbst nicht haben? Dann sollten Sie diese Forderung einem Realitätscheck unterziehen: Ein »besserer Mensch« werden Sie vor allem aus eigenem Antrieb, nicht durch Ihren Partner. Und die Art und Weise, in der Sie sich in eine Beziehung einbringen, wird sich im Verhalten Ihres Partners Ihnen gegenüber widerspiegeln.

Dennoch finden sich in der Realität häufig Paarkonstellationen, die mit hohen Erwartungen einhergehen. Häufig komme ich mit den Frauen und Männern, die ich in Sachen Menschenkenntnis berate, auch ins Gespräch über Paarprobleme. Und oft habe ich dabei den Eindruck, dass Repräsentanten eines bestimmten Konstitutionstypus sich teils bewusst, teils unbewusst einen ganz andersgearteten Menschen aussuchen.

Eine meiner Klientinnen berichtete in unseren Einzelsitzungen häufig von der mangelnden Zuneigung ihres Ehemannes, mit dem sie seit 25 Jahren verheiratet war. Traurig erzählte sie mir, dass sie von ihm noch nicht einmal zu Geburtstagen und anderen Feiertagen Geschenke oder Blumen erhielt und beide nur noch wenig miteinander redeten. Weil sie klar dem emotionalen Typus zuzuordnen war, litt sie unter der Situation ganz besonders. Ich fragte sie, wann die Beziehung begonnen hatte, sich zum Negativen zu verändern. Und nach und nach erwies sich, dass ihr Mann schon in der »Eroberungsphase« sehr rational-pragmatisch vorgegangen war. Blumen und Geschenke gab es auch damals kaum, der Heiratsantrag wurde mit Steuerersparnissen und anderen Vernunftargumenten eingeleitet. Da hatte eine Emotionale also einen Rationalen geheiratet und litt nun daran, dass er ihre gefühlsmäßigen Bedürfnisse nicht erfüllte.

Ich habe mit dieser Frau über die unterschiedlichen Konstitutionstypen und ihre Wünsche gesprochen. So wurde ihr klar, warum ihre eigenen Erwartungen an Emotionalität und Romantik für ihren Mann eine sehr hohe Hürde darstellten. Und auch, dass er ihr Bedürfnis nach Sicherheit, Verlässlichkeit und einem geordneten Leben zumindest auf materieller Ebene immer voll erfüllte. Daraufhin fiel es ihr leichter, zu überlegen, wie sie in ihrem Leben – etwa durch eine ehrenamtliche Tätigkeit – Möglichkeiten schaffen könnte, ihre emotionale Seite zu stärken und so wieder ausgeglichener zu werden. Sie konnte sich von dem Wunsch verabschieden, ihren Ehemann zu verändern – etwas, das praktisch nie funktioniert (fast schon ein Klassiker in dieser Hinsicht ist die häufig bei Frauen anzutreffende Aussage: »Ach, weißt du, er hat schon immer so viel gearbeitet, ich dachte nur, mit der Hochzeit ändert sich alles« – eine Erwartung, mit der Sie sich keinen Gefallen tun!). Noch einmal: Wirklich verändern können Sie nur bei sich selbst etwas, nicht beim anderen. Akzeptieren Sie Ihren Partner also so, wie er ist. Überlegen Sie, aus welchen Gründen Sie sich für genau diesen Menschen entschieden haben, und klären Sie für sich, ob diese Gründe für Sie weiterhin Gültigkeit besitzen oder nicht.

Vielleicht hat Ihr Partner Lust, den Konstitutionstypen-Test von Seite 135 ff. zu machen?

Wenn sich dabei ergibt, dass er und Sie vom selben Typus sind: prima. Denn dann haben Sie beide eine ähnliche Denkweise und vergleichbare Erwartungen aneinander. Auch die Paarforschung hat bestätigt, dass Partner, die viele Gemeinsamkeiten aufweisen, es leichter miteinander haben.

Prinz Charles und seine Frau Camilla sind solch ein Paar. Beide sind dem Konstitutionstyp des »Machers« zuzuordnen, haben aber auch physiognomische Merkmale, die auf ein großes emotionales Potenzial und einen gewissen Idealismus hindeuten (bei Charles etwa die blauen Augen und runden Ohren, bei Camilla die blonden Haare, die volle Nase, die Lachfalten). Beide hatten in ihrem Leben einiges auszustehen, nicht zuletzt im Zusammenhang ihrer Beziehung, für die sie kämpfen mussten. Die erlittenen seelischen Verletzungen zeigen sich bei Charles in der bereits angesprochenen Couperose, bei Camilla unter anderem in der Gemütsfalte an der linken Augenbraue. Sie teilen miteinander die Liebe zur Natur und eine Abneigung gegen große öffentliche Anlässe und die damit verbundenen Menschenaufläufe. Ihr breiter Nasenrücken und die durchgezogenen Stirnquerfalten zeigen Camilla als die Stärkere, Durchsetzungsfähigere und Belastbarere von beiden. Ihre Kinnquerfalte deutet darauf hin, dass sie gern offen ausspricht, was sie denkt. Man darf vermuten, dass sie in der Beziehung die treibende Kraft ist. Im Gegenzug hat Charles ihr etwas voraus in Sachen Kreativität und künstlerisch-musischer Begabung, das zeigen sein rund geformtes Innenohr und der Mickymaus-Haaransatz. Vermutlich kann er seiner Frau einen Zugang etwa zu Literatur, Kunst und Musik vermitteln, der ihr allein so nicht möglich gewesen wäre.

Der Test hat ergeben, dass Sie und Ihr Partner ganz unterschiedliche Typen sind? Dann erfahren Sie an späterer Stelle, wie Sie dennoch gut miteinander auskommen. Übrigens: Gegenseitiges Gesichterlesen mit den Merkmalen aus Kapitel 2 ist auch eine gute Übung für Paare, umso mehr, wenn Sie das Ganze nicht als Hausaufgabe, sondern eher spielerisch betrachten. In meinen Seminaren ergibt sich immer mal wieder, dass Partner einander die Gesichter lesen. Und fast immer landen beide dann über die Interpretation eines typischen physiognomischen Merkmals bei gemeinsamen Erlebnissen aus der Vergangenheit: »Weißt du noch, als du wieder mal … und wir dann …« Meist lachen dann beide miteinander – nicht das schlechteste Mittel zur Erhaltung der Liebe.

Neuere Studien haben übrigens ergeben, dass arrangierte Ehen genauso glücklich und erfolgreich sein können wie selbstgewählte Partnerschaften, vorausgesetzt, die Partner sind bereit, sich aufeinander einzustellen. Wer ein Gefühl für seinen Partner entwickelt und ihn in seinen Eigenheiten annimmt, ist in Liebesdingen langfristig erfolgreicher. Warum genau das so ist, können Sie etwa nachlesen in Eva-Maria Zurhorsts »Liebe dich selbst, und es ist egal, wen du heiratest«.

In meinem Freundeskreis gibt es ein Paar, das seit 29 Jahren zusammen ist. Die beiden haben miteinander drei wohlgeratene, mittlerweile erwachsene Kinder. Sie ist ein Mensch mit großen emotionalen Tendenzen, er ein Rationaler, aber sie haben es geschafft, eine solide gemeinsame Basis zu finden. Ihr Geheimnis? Ganz viel Kommunikation und Austausch, Offenheit, Verständnis, gegenseitige Wertschätzung, regelmäßige Zweisamkeit und Freiräume, so dass jeder seinen Vorlieben nachgehen kann, ohne Vorhaltungen von Seiten des anderen. In vielen Punkten denken er und sie gleich, haben ähnliche Visionen, Wünsche und die gleichen Vorlieben.

Ich habe nachgefragt: Gab es nie Krisen? Doch, meinten beide, aber sie hätten die schwierigen Situationen eben weniger als Gefahr denn als Herausforderung betrachtet.

Immer wenn ich ein paar Tage bei den beiden zu Gast sein darf, bin ich von neuem überzeugt, dass es die große Liebe wirklich gibt. Jede Geste, jeder Blick der beiden ist geprägt von Zuneigung und Wertschätzung. Und das nach so langer Zweisamkeit. Seufz!

Übrigens: Forscher haben herausgefunden, dass, wenn zwei sich lieben, ihre körperlichen Eigenschaften sich einander annähern. Das betrifft etwa den Schlafrhythmus, aber auch die Darmflora. Bei Menschen, die lange eng zusammengelebt haben, ist die Gefahr einer Abstoßungsreaktion geringer, wenn der eine dem anderen ein Organ spendet: der kontinuierliche Austausch von Körperflüssigkeiten führt zu einer Art gegenseitiger Desensibilisierung. Und wenn die Vornamen beider Partner mit dem gleichen Buchstaben beginnen, erhöht auch das die Chance auf dauerhaftes Glück. Kurios, nicht wahr?

Bei langjährigen Paaren (25 Jahre +) gleichen sich aber auch Gesichtszüge und Mimik der Partner an. Die Forscher begründen dies mit einem gegenseitigen dauerhaften Bemühen, sich in den anderen einzufühlen.

Halt mal, rufen Sie jetzt möglicherweise, davon sind mein Partner und ich noch weit entfernt! Sie kennen sich also noch nicht so lange? Sie möchten wissen, wer der Mensch an Ihrer Seite ist? Haben Sie sich den Dominanten, den Bodenständigen, den Helden oder den Verständnisvollen in Ihr Leben geholt? Auf www.tatjanastrobel.de können Sie dazu einen Partnerschaftstest downloaden und Ihren Partner mit ganz neuen Augen betrachten.

Wenn Sie noch in der Anfangsphase Ihrer Beziehung sind, hier ein paar Anregungen, wie Sie das Herz der unterschiedlichen Konstitutionstypen erobern:

Einem **Macher** sollten Sie das Gefühl geben, dass er bzw. sie es ist, der Sie erobert (auch wenn es tatsächlich vielleicht umgekehrt ist). Er oder sie möchte den Partner selbst wählen. Macher lassen sich beeindrucken durch selbstsicheres Auftreten und Sprachgewandtheit. Sie brauchen in der Beziehung den Wechsel von Aufmerksamkeit und Freiheit. Vorübergehend können Sie sich also durchaus rarmachen, sollten Ihrem Partner dann aber auch wieder das Maß an Zugewandtheit geben, das er braucht. Gerne auch, indem Sie seine Stärken ansprechen und bewundern: etwa seine nie nachlassende Energie und seine planerischen Fähigkeiten. Seien Sie vorsichtig, wenn es um das Schmieden von Zukunftsplänen geht: Ihr Partner könnte das als Freiheitsberaubung verstehen.

Ich selbst bin eine Macherin, und wenn ich das Gefühl habe, dominiert und eingeengt zu werden, entwickle ich Fluchttendenzen. Äußerst anziehend finde ich es hingegen, wenn mein Partner für mich ein Stück weit unerforschtes Terrain bleibt: Das gibt der Beziehung einen Kitzel, weil sie eine ständige Herausforderung bleibt.

Der **Emotionale** will liebevoll umworben werden, sich rarzumachen funktioniert hier eher nicht. Er/sie liebt Verbindlichkeit und braucht das Gefühl des Verbundenseins. Denken Sie sich individuelle und romantische Anlässe aus, bei denen Sie ihm oder ihr zeigen können, was Sie empfinden. Sollten Sie gelegentlich Gedichte schreiben – umso besser. Falls aber nicht, ist etwa ein Candle-Light-Dinner eine bewährte Alternative. Überlegen Sie, wie Sie es in einer Weise gestalten können, die zu Ihnen beiden passt. Emotional veranlagten Menschen ist es wichtig, dass ihr Partner hilfsbereit ist, und sie empfinden es nicht als zudringlich, wenn der andere alles über sie wissen will. Fragen Sie ihn oder sie also ruhig nach Herzenslust aus.

Eine gute Freundin von mir ist als typische Emotionale regelmäßig am Boden zerstört, wenn ein neuer Freund sich nicht wie vereinbart bei ihr meldet oder gar ein Treffen absagt: Sie benötigt Konstanz und Sicherheit, und das von Anfang an.

Ist Ihre neue Flamme dem Typus der **Rationalen** zuzuordnen, sollten Sie es sachte angehen lassen: Rationale haben es nicht so gern stürmisch, sondern bevorzugen eine langsame, aber stetige Annäherung. Hüten Sie sich vor emotionalem Überschwang: Weniger davon ist hier mehr. Zuverlässigkeit ist für Rationale ein hoher Wert; sie mögen es, wenn ihr Partner zu einem hohen Grad berechenbar ist. Entscheidungen sollten Sie nicht im Alleingang, sondern gemeinsam mit ihm/ihr treffen. Machen Sie es dabei nicht zu kompliziert; das würde den Rationalen verunsichern.

**Pioniere** sind in Beziehungen in mancherlei Hinsicht das Gegenteil der Rationalen: Sie lieben kreative, spannende Begegnungen, bei denen es prickelt. Bewundern Sie den Ideenreichtum Ihres Pioniers und folgen Sie ihm/ihr bei gedanklichen Experimenten. Gemeinsam zu philosophieren und sich verrückte Dinge auszudenken, hält die Beziehung zu einem Pionier lebendig. Bleiben Sie flexibel und lassen Sie Ihrem Partner viel Freiheit – die Sie sich auch selbst nehmen dürfen: Ihr Partner kann damit umgehen, wenn Sie unberechenbar sind.

Sie haben Ihren Traummann oder Ihre Traumfrau schon gefunden und sind mit ihm/ihr in einer festen Beziehung? Dann kann man Ihnen gratulieren. Hier ein paar Tipps, damit auch weiterhin alles gut läuft:

Wenn Ihr Partner ein **Macher** ist, haben Sie sicher schon Bekanntschaft mit seiner direkten, manchmal schroffen Art gemacht. Auch wenn es Ihnen manchmal schwerfallen mag: Hier gilt wieder, dass Sie nicht Ihren Partner verändern können, sondern nur sich selbst. Überlegen Sie also, wie Sie mit dieser Art am besten klarkommen, und verlieren Sie die positiven Seiten Ihres Partners nicht aus den Augen. Beispielsweise ist es eher unwahrscheinlich, dass er oder sie sehr lange hinter dem Berg hält, wenn etwas in der Beziehung nicht gut läuft. Sie müssen sich nur wenig Sorgen darum machen, dass er/sie Ihnen etwas lange verschweigt. Revanchieren Sie sich für diese Offenheit, indem auch Sie Probleme nicht verschleppen, sondern unumwunden ansprechen. Behalten Sie auch nicht für sich, was Sie an ihm/ihr bewundern und mögen.

Wenn von seiner/ihrer Seite Widerstand gegen etwas kommt, versuchen Sie, locker zu bleiben. Es kann sehr entspannend wirken, wenn Sie sich auf die Suche danach begeben, was eine Meinungsverschiedenheit auch an komischen, humorvollen Aspekten mit sich bringt. Und, ganz wichtig: Geben Sie einem Macher stets das Gefühl, die Kontrolle über die Situation zu haben.

Sind Sie mit einem **Emotionalen** zusammen, dann denken Sie daran, ihm/ihr regelmäßig kleine Aufmerksamkeiten zukommen zu lassen. Erinnern Sie sich an meine Klientin, die auch nach 25 Jahren Ehe gern ab und zu Blumen von ihrem Mann bekommen hätte.

Emotionale treten mit ihrem Partner gern auch in der Öffentlichkeit als Paar auf. Nehmen Sie ihn/sie also, wenn möglich, zu Einladungen und dergleichen mit bzw. begleiten Sie ihn/sie auf Feste, ins Konzert usw. Ein Emotionaler braucht neben Ihnen als Partner auch Familie und Freunde um sich, damit er/sie sich aufgehoben und geborgen fühlt. Akzeptieren Sie das und bestehen Sie nicht darauf, dass er/sie seine Freizeit ausschließlich mit Ihnen verbringt.

Schaffen Sie in der Beziehung Raum für Rituale, die Sie verlässlich einhalten: den gemeinsamen Spaziergang nach dem Abendessen, das gemütliche ausgedehnte Frühstück am Wochenende oder was immer Ihnen beiden guttut.

Ein **Rationaler** braucht Ihre konstante Wertschätzung seiner Qualitäten: Verlässlichkeit etwa, Gewissenhaftigkeit und Ernsthaftigkeit. Wenn Entscheidungen zu treffen sind, sollten Sie Ihren Partner nicht unter Druck setzen, sondern ihm/ihr genügend Zeit zum Abwägen der unterschiedlichen Optionen lassen. Sie tun einem Rationalen darüber hinaus etwas Gutes, wenn Sie für eine entspannte Atmosphäre sorgen. Die meisten Menschen dieses Typs mögen es etwa, wenn sie mit leiblichen Genüssen verwöhnt werden.

Treiben Sie Ihren Partner nicht mit Forderungen nach mehr Romantik in die Enge, sondern erlernen Sie seine/ihre eher nüchterne Sprache der Liebe: Wenn er oder sie Ihnen wieder einmal »etwas Praktisches« schenkt, dürfen und sollten Sie das als Liebeserklärung verstehen.

In der Partnerschaft mit einem **Pionier** brauchen Sie die Fähigkeit, seine mitunter gereizten Reaktionen nicht persönlich zu nehmen. Pioniere begeben sich nur ungern in die Niederungen alltäglicher Anforderungen. Sie mögen es nicht, wenn banale Alltagssorgen sie aus ihrem Ideenfluss reißen. Bieten Sie Ihre Hilfe an: Er/sie wird es zu schätzen wissen. Durchbrechen Sie den Alltagstrott, indem Sie gelegentlich etwas ganz anders organisieren als bisher. Entdecken Sie gemeinsam mit Ihrem Pionier neue Urlaubsgegenden oder Sportarten. Der Pionier liebt alles, was unkonventionell ist. Indem Sie regelmäßig für Überraschungen sorgen, halten Sie die Beziehung frisch.

Ich freue mich, wenn Ihr Wissen in Sachen Physiognomik Ihnen in Zukunft (noch) mehr Glück in der Liebe verschafft. Sie können Ihre neue Menschenkenntnis aber natürlich auch in allen anderen Bereichen des Lebens nutzen. Neben der Liebe gibt es ja bekanntlich auch noch die Arbeit …

# Sind Sie beruflich in Ihrem Element? Was Physiognomik mit dem richtigen Job zu tun hat

Wenn Sie berufstätig sind: Tun Sie Ihre Arbeit gerne, weil Sie das Gefühl haben, dass sie Ihnen entspricht und Sie darin einen Teil Ihrer selbst ausleben können? Oder beginnt Ihr eigentliches Leben nach Feierabend und am Wochenende?

Eine Umfrage der Hochschule für Ökonomie und Management in Essen hat ergeben, dass nur etwas weniger als die Hälfte der

Deutschen mit ihrer Arbeit zufrieden sind. Das kann an schwierigen äußeren Rahmenbedingungen liegen, aber auch daran, dass diese Menschen keine Aufgabe gefunden haben, die ihren Stärken gerecht wird. Möglicherweise haben sie sich für eine bestimmte Arbeit entschieden, weil eben diese auf dem Arbeitsmarkt gefragt ist, nicht aber, weil sie ihnen entspricht.

Ich selbst habe 2010 im Rahmen meines Unternehmens ts headworks 320 berufstätige Menschen im Alter von 19 bis 63 Jahren nach ihren Stärken befragt. 80 Prozent der Befragten waren Frauen. Nur etwa vier bis zehn Prozent dieser Menschen konnten auf Anhieb eine Liste ihrer eigenen Stärken erstellen. Alle anderen taten sich mit meiner Frage sichtlich schwer und mussten sich auf der Suche nach dem, was sie auszeichnet, erst mit Kollegen beraten. Schade ...

Kennen Sie Ihre zehn Topstärken?

In meinen Seminaren mache ich gern den nachfolgenden Test. Wenn Sie mögen, machen Sie sich einige Kopien der Tabelle. Im ersten Schritt sehen Sie die Liste selbst durch und kreuzen Sie an, welche der genannten Eigenschaften bei Ihnen schwach, mittelmäßig oder stark ausgeprägt ist. Dann geben Sie Kopien der Tabelle (ohne Ihr eigenes Ergebnis!) an einige Familienmitglieder, Freunde und Kollegen weiter und bitten sie, ihrerseits einzuschätzen, in welchem Maße die betreffenden Eigenschaften bei Ihnen ausgeprägt sind.

Übrigens ist dieser Test bei allen vier Konstitutionstypen gleich beliebt: Die Emotionalen und Pioniere haben Freude an der Fülle der aufgeführten positiven Eigenschaften, die Macher und Rationalen schätzen den pragmatischen Aspekt: Wie praktisch, einmal so viele relevante Eigenschaften übersichtlich aufgeführt zu sehen, und wie vernünftig, sich nicht einfach »irgendwie« über die positiven Seiten Gedanken zu machen, sondern sie systematisch durchzugehen. Während die beiden Letztgenannten im Ausfüllen meist recht schnell sind, treffen Emotionale und Pioniere ihre Auswahl erst nach einigem Nachdenken. Egal, welcher Typ Sie sind und wie lange Sie brauchen, legen Sie einfach mal los.

| Eigenschaft | schwach | mittel | stark |
|---|---|---|---|
| belastbar | | | |
| souverän | | | |
| ausgeglichen | | | |
| sensibel | | | |
| entscheidungsfreudig | | | |
| kommunikationsstark | | | |
| konfliktfähig | | | |
| verantwortungsbewusst | | | |
| aufgeschlossen | | | |
| neugierig | | | |
| zielorientiert | | | |
| vertrauensvoll | | | |
| organisationsstark | | | |
| begeisterungsfähig | | | |
| motivierend für andere | | | |
| offen für Veränderungen | | | |
| einfühlsam | | | |
| klar | | | |
| diszipliniert | | | |
| vielseitig | | | |
| offen, geradlinig | | | |

| Eigenschaft | schwach | mittel | stark |
|---|---|---|---|
| reflektiert | | | |
| einschätzbar | | | |
| kompetent | | | |
| Einzelkämpfer | | | |
| Teamplayer | | | |
| willensstark | | | |
| Kampfgeist | | | |

Sobald Sie die ausgefüllten Tabellen zurückhaben, können Sie Ihr Selbstbild mit dem Bild vergleichen, das andere von Ihnen haben. Ich bin ziemlich sicher, dass auch Sie in einigen Punkten bei den anderen besser wegkommen als bei sich selbst. Dass wir unsere eigenen Stärken nur allzu gern für selbstverständlich halten, hatte ich ja im Abschnitt »Mehr als nur ein Blick in den Spiegel« bereits angesprochen.

Heben Sie die ausgefüllten Tabellen unbedingt auf; es macht nämlich Spaß, nachzulesen, wie positiv andere über einen denken. Sie können die Ergebnisse auch mit Ihren Freunden, Kollegen und der Familie diskutieren. Lassen Sie sich ruhig anhand von Beispielen belegen, warum jemand Sie so und nicht anders sieht. Und wenn Sie anschließend einmal genau in den Spiegel schauen, werden Sie die jeweilige Eigenschaft auch in Ihrem Gesicht entdecken.

Es ist übrigens wahrscheinlich, dass Ihre »Versuchskaninchen« den Spieß nun gerne umdrehen und von Ihnen wissen möchten, welche Eigenschaften sie denn haben. Auch dann können Ihnen die physiognomischen Merkmale beim Ausfüllen helfen. Rufen Sie sich Gesicht und Körpersprache des betreffenden Menschen genau in Erinnerung oder konsultieren Sie ein gutes Foto von ihm.

Als geübter Gesichtsleser, der Sie ja nun schon sind, werden Sie auch fremden Menschen relativ schnell am Gesicht ansehen können, was sie beruflich tun. Erfolgreiche Manager haben oft einschlägige physiognomische Kennzeichen wie etwa dicke Haut, eine quadratische Gesichtsform und in der Einteilung des Gesichts das Ausführende an erster Stelle und das Rational-Vernunftmäßige an zweiter. Menschen, die gern und erfolgreich als Dienstleister arbeiten, haben oft breite Nasenrücken, eine ausgeprägte Ohr-Außenleiste, volle Lippen, ein gut erkennbares Lippenherz, ein oval geformtes Gesicht und ein gerades Kinn. Ich durfte für ein Gastronomieunternehmen einmal die Personalauswahl für eine neue Filiale übernehmen und habe in den Einstellungsgesprächen auch auf diese physiognomischen Kennzeichen für Belastbarkeit, Empathie und Geselligkeit geachtet. Mein damaliger Auftraggeber ist mit den Mitarbeitern nach wie vor sehr zufrieden.

Umgekehrt erlebe ich bei meinen Beratungsaufträgen für Unternehmen aber auch immer wieder, dass Menschen versuchen sollen, Aufgaben zu lösen, für die sie nicht gemacht sind. Einmal begegnete mir eine begnadet kreative Marketingmanagerin. Alle Aktionen, die sie plante, hatten Hand und Fuß, waren praktikabel und hatten eine ganz besondere Note. Wenn es aber darum ging, diese Konzepte auf großen Konferenzen mit 400 und mehr Teilnehmern zu präsentieren, verlor diese versierte, hochkompetente Fachkraft regelmäßig fast die Nerven. Was ihr in Kleingruppen mühelos gelang – andere für ihre Ideen zu begeistern –, wurde auf der großen Bühne zu einer kaum zu meisternden Herausforderung. Ihr Arbeitgeber schickte diese Frau zu unzähligen Präsentationstrainings und Rhetorikseminaren, denn das Unternehmen wollte, dass sie ihre Ideen auch auf internationalen Konferenzen vorstellte. Doch mit dem Druck wuchs auch das Lampenfieber. Sie war blockiert. Nach einigen Monaten kündigte sie ihren Job und machte sich selbständig. Inzwischen ist sie in

Deutschland eine der Ideengeberinnen in Sachen Kosmetik-Marketing. Als Selbständige hat sie ihre Arbeitsbedingungen selbst in der Hand und sorgt dafür, dass sie stets nur mit kleinen Teams zusammenarbeitet. Sie steht sich nicht länger selbst im Weg, sondern kann ihre Erfolge nun unbeschwert genießen.

Bei einem Vortrag traf ich auf eine junge Frau, der ich auf den Kopf zusagte, dass sie etwa alle zwei Jahre einen neuen Job brauchte. Sie war fassungslos und glaubte zunächst, dass ich mir vor unserem Gespräch bereits heimlich Informationen über sie beschafft hatte. Dabei stand ihr das »Jobhopping« ins Gesicht geschrieben: große grüne Augen, sehr stark ausgeprägte Wangenknochen, unterbrochene Stirnquerfalten. Starke Indizien für einen Menschen, der Routine verabscheut und ständig auf der Suche nach neuen Herausforderungen ist. Die junge Frau war durch und durch eine Macherin. Was sie brauchte, waren Vorgesetzte, die sie ständig neu forderten und vor neue Aufgaben stellten. Blieben diese aus, verließ sie das Unternehmen.

Physiognomik lohnt sich also auch für Personalchefs. Wenn Sie beispielsweise eine Stelle ausschreiben, überlegen Sie sich doch anhand der physiognomischen Merkmale das zum Job passende Gesicht, bevor Sie mit den Einstellungsgesprächen beginnen. Welche Eigenschaften sind gefragt und wie zeigen sie sich im Gesicht? Suchen Sie eine Führungskraft, achten Sie also beispielsweise auf die Delegations- und die pädagogische Falte, abgewinkelte Augenbrauen und sichtbare Wangenknochen. Erfordert die Aufgabe einen Menschen mit ausgeprägten empathischen Fähigkeiten, können Sie sich die ovale Gesichtsform, die gerade Stirn, die nach außen geschwungene Oberlippe notieren. Sie haben das übrigens schon auf S. 82 geübt – erinnern Sie sich? Mit der Physiognomik haben Sie ein zusätzliches Werkzeug, das es Ihnen erleichtert, den richtigen Bewerber auszuwählen. Was mich betrifft, hätte ich das physiognomische Wissen, das ich heute besitze, auch in meiner Tätigkeit als Vertriebsleiterin in der Parfümeriebranche gut brauchen können. Wer Gesichter lesen kann, tut sich leichter damit, die Bedürfnisse von Kunden zu ermitteln und darauf einzugehen: eine unabdingbare Voraussetzung für jede Art von Akquise.

Aber auch im täglichen Umgang mit Mitarbeitern ist die Physiognomik ungemein wertvoll. Ich erinnere mich noch gut an eine mir unterstellte Mitarbeiterin, auf die ich große Stücke hielt. Ich hatte sie als erfahrene Vertriebskollegin kennengelernt und ihr darum als Vorgesetzte von Anfang an viel Freiheit gelassen. Nach und nach wurde allerdings deutlich, dass die Kollegin zur Unpünktlichkeit neigte. Wir führten Gespräche miteinander, in denen ich sie dazu anhielt, an dieser Schwäche zu arbeiten, um den Qualitätsansprüchen des Unternehmens gerecht zu werden. Unser anfänglich gutes Verhältnis verschlechterte sich.

Wenn ich mir heute, im Rückblick, das Gesicht dieser Kollegin vor Augen führe, sehe ich darin Merkmale, die für ein großes Harmoniebedürfnis sprechen, und muss mir eingestehen, dass ich in der Beziehung zu ihr manches hätte anders und besser machen können: So hätte ich unsere Arbeitsbeziehung zu Anfang enger gestalten können und wäre damit dem Harmoniebedürfnis der Kollegin entgegengekommen. Für sie wäre es dann vermutlich einfacher gewesen, meine Kritik an ihrer Unpünktlichkeit anzunehmen und ihrerseits mein Bedürfnis nach Einhaltung bestimmter Qualitätsstandards zu erfüllen. Der Freiraum, den ich ihr anfangs irrtümlich in zu hohem Maße ließ, hätte sich auf dieser Basis vermutlich irgendwann von selbst ergeben. Heute weiß ich das, seinerzeit habe ich vor allem die toughe Seite meiner Kollegin wahrgenommen und wäre nie auf die Idee gekommen, dass Harmonie und Nähe ihr etwas bedeuten könnten.

Wenn Sie eine interessante Stellenausschreibung lesen, können

Sie Ihre physiognomischen Kenntnisse nutzen, etwa indem Sie die dort genannten Eigenschaften auf ein Blatt notieren und dann sorgfältig in den Spiegel schauen. Sind Sie der richtige Mensch für diesen Job? Welche Eigenschaften bringen Sie mit? Hat die Stellenanzeige Sie angesprochen, weil Ihre persönlichen Stärken der ausgeschriebenen Aufgabe entsprechen? Überlegen Sie auch, welche der geforderten Eigenschaften Sie eher nicht haben und ob Sie bereit sind, in den entsprechenden Bereichen an sich zu arbeiten. Und auch wenn Sie sich dringend einen neuen Job wünschen: Versuchen Sie durch einen ehrlichen Blick auf sich selbst herauszufinden, wo Sie sich ernsthaft bewerben sollten und wo nicht. Wenn sich in Ihrem Gesicht eine ganze Reihe von Indizien dafür finden, dass Sie ein treuer, beständiger Mensch sind, der etwas Zeit braucht, um zu seiner Bestform aufzulaufen, sind Elternzeit-Vertretungen oder die Jobvermittlung über eine Zeitarbeitsfirma vermutlich nicht das Richtige für Sie.

Meine persönliche Stärke ist der Kontakt mit anderen. Ich liebe es, zu verhandeln, mit Menschen zu arbeiten und zu sehen, wohin sie sich entwickeln. In meiner letzten Position als Geschäftsführerin im Vertrieb einer großen Parfümeriekette war ich für 115 Geschäfte und 600 Mitarbeiter verantwortlich – eine Aufgabe, die auf den ersten Blick recht gut zu mir passt. In der Praxis verbrachte ich dann allerdings sehr viel Zeit mit Budget- und Umsatzplanung. Ich erfuhr am eigenen Leib, dass aus einer guten Rednerin und Verkäuferin keine Vollblut-Betriebswirtin wird. Natürlich habe ich mir die Kenntnisse angeeignet, die ich für meine betriebswirtschaftlichen Aufgaben benötigte, aber meine Neigung zog mich in eine andere Richtung.

Das war die Situation, in der ich »meinem« Gesichtsleser begegnete. Wie es danach weiterging, haben Sie zu Beginn dieses Buches bereits erfahren. Seitdem ich selbständig arbeite, kümmern sich andere um meine Budget- und Umsatzplanung. Ich möchte mich ganz auf meine Stärken konzentrieren können. Inzwischen fühle ich mich zufriedener als früher. Meine vielfältigen Aufgaben – Vorträge, Seminare, die Arbeit auf den Kreuzfahrtschiffen, Mitarbeiterschulungen, Einzelcoaching und die Beratung von Geschäftskunden – kommen meinem Bedürfnis nach Abwechslung entgegen. Ich bin mit immer neuen, interessanten Menschen zusammen und kann meine Kreativität in unterschiedliche Projekte investieren. Und obwohl ich inzwischen mehr arbeite denn je, merke ich es kaum, denn die Zeit vergeht mir wie im Flug. Ich bin mit Leidenschaft bei meiner Sache, und mein Leben ist dadurch erfüllter geworden.

Falls Sie noch auf der Suche nach Ihrer Lebensspur sein sollten: Das Gesichterlesen hilft Ihnen dabei, das zu finden, was für Sie richtig ist. Zum einen, indem die Kenntnis Ihrer physiognomischen Merkmale Ihnen eine vertiefte Kenntnis Ihrer selbst ermöglicht und Ihnen Aspekte Ihrer Persönlichkeit eröffnet, von denen Sie möglicherweise noch gar nichts wussten. Wer weiß: Vielleicht sind es gerade diese Seiten Ihrer selbst, die Ihnen Wege zu mehr Erfüllung und Zufriedenheit eröffnen.

Zum anderen hilft Ihnen die Physiognomik aber auch dabei, bei anderen Menschen rascher zu erkennen, wer sie sind, was sie wollen und was sie brauchen. Mit zunehmender Übung werden Sie rasch erkennen können, inwieweit Ihre eigene Persönlichkeit, Ihre Ziele und Bedürfnisse damit kompatibel sind oder eben nicht.

Sie sind beruflich bereits voll in Ihrem Element, glücklich und zufrieden? Dann nutzen Sie die Kunst des Gesichterlesens doch, um anderen dabei zu helfen, ihren persönlichen Talentmix zu erkennen und zu verwirklichen. Das Leben ist zu schade, um Begabungen auf Dauer brachliegen zu lassen!

## Botschaft angekommen? Wie Physiognomik die Kommunikation erleichtert

Sie sind auf eine Party eingeladen, bei der Sie niemanden kennen. Sie haben ein Vorstellungsgespräch oder treten einen neuen Job an. Sie möchten ein Produkt oder eine Dienstleistung an den Mann oder die Frau bringen.

All diesen Situationen ist gemeinsam, dass Sie sich möglichst gut verkaufen wollen. Erste Voraussetzung dafür ist, dass Sie ins Gespräch kommen. Dieses erste Sich-aneinander-Herantasten, Sich-Beschnuppern, ist die Basis für alles Weitere. Erinnern Sie sich daran, wie wichtig die ersten vier Minuten sind, wenn man jemanden kennenlernt? Sie vermitteln den anderen den so wichtigen ersten Eindruck von Ihnen. Wenn Sie nun allein beim Lesen schon nervös werden sollten, vergessen Sie nicht: Dasselbe gilt umgekehrt. Auch Sie bekommen in diesen ersten Minuten wichtige Informationen über die anderen. Erst recht, wenn Sie die Kunst des Gesichterlesens beherrschen. Denn Sie können insbesondere Ihr Wissen um die verschiedenen Konstitutionstypen ganz praktisch nutzen, um das Einander-Kennenlernen mühelos zu gestalten und einen nachhaltig guten Eindruck zu hinterlassen.

Bevor wir dazu kommen, wie Sie im Gespräch den Machern und Emotionalen, den Rationalen und den Pionieren unter uns am besten gerecht werden, noch ein paar Vorbemerkungen zum Thema Small Talk. Schließlich werden Sie nur in den allerseltensten Fällen mit einem Ihnen noch unbekannten Gegenüber gleich die ganz großen Menschheitsthemen diskutieren, es sei denn, Sie sind ein eindeutiger Pionier.

Wenn die Rahmenbedingungen Ihnen die Möglichkeit dazu geben: **Beobachten Sie die Lage.** Wer ist außer Ihnen sonst noch da? Wer interessiert Sie? Können Sie auf die Schnelle Gemeinsamkeiten mit anderen entdecken, etwa das gleiche Handy oder eine ähnliche Tasche wie Ihre? Wenn Sie eine Frau sind: Hat eine andere Dame ein Accessoire, ein Kleidungsstück, das Ihnen spontan sehr gut gefällt? An welchem Ort befinden Sie sich? Wissen Sie etwas über die Geschichte des Gebäudes? Gibt es etwas zu essen, zu trinken? Das alles können schon Gesprächsanlässe sein.

**Nutzen Sie Sesam-öffne-dich-Techniken.** Wenn es der Situation angemessen ist, stellen Sie sich vor, lächeln Sie Ihr Gegenüber freundlich und ehrlich an und drücken Sie ihm etwa zwei bis drei Sekunden lang fest die Hand. Wiederholen Sie den Namen Ihres Gegenübers, die Person bleibt Ihnen so besser im Gedächtnis und fühlt sich wertgeschätzt. Vielleicht gibt es auch hier schon einen Anknüpfungspunkt: »Sie haben aber einen schönen Vornamen. Wo kommt er denn her?«

Wenn Sie anderen ein Kompliment machen, werden Sie in aller Regel Wohlwollen ernten – wer von uns wird nicht gern gelobt? Bleiben Sie jedoch authentisch und achten Sie darauf, dass beim anderen nicht der Eindruck entsteht, dass Ihr Lob vor allem Ihren eigenen Zwecken dient.

Ich liebe es, Menschen auf ihre Schokoladenseite hinzuweisen. Vor einigen Wochen setzte in einer fremden Stadt das Navigationssystem meines Autos aus und ich musste einen Passanten um Hilfe bitten. Zu meinem Glück war er sehr zuvorkommend und hatte obendrein noch wunderschöne grüne, leuchtende Augen. Ich bedankte mich herzlich für seine Hilfe und vergaß nicht zu erwähnen, dass man seine Offenheit und Freundlichkeit schon an seinen Augen ganz unmittelbar erkennen könne. Das Lächeln, das ich erntete, bestätigte meine Einschätzung. Ich möchte wetten, dass dieses Lächeln noch eine Weile angehalten hat.

Stellen Sie Ihrem Gegenüber im Gespräch offene Fragen. So

nennt man Fragen, auf die nicht einfach mit »Ja« oder »Nein« geantwortet werden kann. Erkundigen Sie sich also beim anderen, ob er von weither angereist ist, warum er gerade jetzt hier ist, was er sich erwartet usw.

**Seien Sie authentisch.** Achten Sie darauf, dass das, was Sie sagen, mit Ihrer Mimik und Körpersprache übereinstimmt. Wir Menschen sind da sehr sensibel: Ihr Gegenüber wird sehr schnell merken, ob Sie das, was Sie sagen, auch meinen.

Dasselbe gilt natürlich auch umgekehrt. Schauen Sie Ihrem Gegenüber also nicht nur ins Gesicht, sondern beispielsweise auch auf Hände und Füße. Sind diese beispielsweise schon auswärts gedreht, als wolle der andere sich im nächsten Moment abwenden? Hat er oder sie die Arme vor dem Oberkörper verschränkt, was eher Abgrenzung signalisiert, oder legt Ihr Gegenüber beim Zuhören interessiert den Kopf schräg, was dafür spricht, dass das, was Sie sagen, ihn bzw. sie auch emotional anspricht? Legt Ihr Gesprächspartner die Stirn in Falten, während Sie reden, haben Sie ein Thema getroffen, das ihm oder ihr wichtig ist. Übrigens: Ein sehr sicheres Indiz dafür, dass Sie beim anderen gut ankommen, sind vergrößerte Pupillen. Wenn Sie beide nicht gerade in einem abgedunkelten Kino- oder Theatersaal miteinander sprechen, wo das Weiten der Pupillen rein physiologisch bedingt wäre, dürfen Sie dies als Zeichen von echtem Interesse werten.

Wie stellen Sie sich als Gesprächspartner am besten auf die unterschiedlichen Konstitutionstypen ein?

**Macher** lieben bekanntlich das Neue, Spannende. Verwickeln Sie einen Macher zum »Warmwerden« in ein Gespräch über eine tagesaktuelle Zeitungsmeldung, einen neuen Film, sein neues Handy usw. Sprechen Sie über Fakten, nicht über Gefühle oder Vermutungen und gehen Sie dabei nicht allzu sehr ins Detail;

das würde ihn nur langweilen. Wenn Sie mit einem Macher geschäftlich zu tun haben, sollten Sie ihm zwei oder mehr Möglichkeiten anbieten, sich zu verhalten bzw. zu entscheiden. Und weil Macher gern alles unter Kontrolle haben, kann es Ihnen helfen, wenn Sie Ihrem Gesprächspartner das Gefühl geben, dass er Ihnen überlegen ist. **Macher wollen immer das Beste, Neue, Einzigartige.**

Bei einem **Emotionalen** dürfen Sie schon im Gesprächseinstieg persönlich werden. Fragen Sie ruhig nach seinem Familienstand, nach Kindern, Enkeln und Haustieren. Er wird Ihnen gern davon erzählen und Sie höchstwahrscheinlich sehr sympathisch finden. Emotionale brauchen eine Atmosphäre von Harmonie und persönlichem Aufgehobensein, um sich wohl zu fühlen. Sie schätzen es, wenn man sie häufig mit Namen anspricht. Bei Geschäftskontakten können Sie die Antworten Ihres Gegenübers in das, was Sie zu bieten haben, einflechten. So signalisieren Sie, dass Sie aufmerksam zugehört haben und vertrauenswürdig sind. **Emotionale suchen die Möglichkeit zur Identifikation – auch bei Produkten und Dienstleistungen.**

Der **Rationale** ist von allen vier Konstitutionstypen derjenige, der Small Talk am wenigsten schätzt und braucht, was durchaus von Vorteil sein kann, wenn Sie sich auf diesem Terrain ebenfalls nicht zu Hause fühlen. Verkneifen Sie sich also Bemerkungen über Wetterlage, Straßenzustand usw. und fragen Sie einen Rationalen besser auch nicht, wie sein Hund heißt. Wenn Sie, etwa bei Geschäftskontakten, dennoch nicht gleich zum Wesentlichen kommen wollen, können Sie über das aktuelle Zeitgeschehen sprechen, jedoch bitte mit Anspruch und nie banal. Wie bei den Machern gilt auch bei den Rationalen: Sie punkten mit Zahlen, Daten, Fakten; das Drumherum interessiert Ihr Gegenüber im Zweifelsfall wenig. Wenn Sie über Politik und Wirtschaft sprechen, sollten Sie emotionale Stellungnahmen zu strittigen Fragen unbedingt vermeiden. Im Geschäftsleben sollten Sie Ihrem Gegenüber vom rationalen Typus stets nur die wirklich wichtigen Informationen geben, den Nutzenaspekt betonen, ggf. auch das Preis-Leistungs-Verhältnis. Ihr Verhandlungspartner sollte den Eindruck gewinnen, dass Ihr Angebot das einzig Richtige für ihn ist. **Rationale brauchen Verlässlichkeit. Entscheidungen möchten sie eigenständig und in Ruhe treffen.**

Einen **Pionier** erkennen Sie höchstwahrscheinlich schon an seinem unkonventionellen Äußeren. Als Gesprächseinstieg mit ihm eignen sich Fragen und Äußerungen, die auf das Ungewöhnliche eines Themas oder einer Situation zielen. Komplimente sind beim Pionier besonders angebracht, denn er liebt Anerkennung. Geschäftlich werden Sie bei einem Pionier am ehesten erfolgreich sein, wenn Sie bei dem, was Sie zu bieten haben, das Innovative betonen. Sie können die Vor- und Nachteile Ihres Angebots ruhig offen abwägen und über Alternativen sprechen – wie der Macher möchte auch der Pionier unter verschiedenen Optionen auswählen können. Wenn Sie gemeinsam mit Ihrem Gesprächspartner kreativ über Möglichkeiten zur Weiterentwicklung Ihres Angebots oder Produkts nachdenken, stellen Sie sich optimal auf die Denkweise des Pioniers ein. **Pioniere mögen alles, was abseits der ausgetretenen Pfade liegt.**

Erinnern Sie sich noch an die verschiedenen Sinneskanäle und woran man erkennen kann, wie ein Mensch vor allem die Welt wahrnimmt? Richtig, es ist vor allem seine Wortwahl. Sie können Ihrem Gegenüber ein Gefühl von Verstandenwerden und gleicher Wellenlänge auch dadurch vermitteln, dass Sie Ihre Wortwahl dem Sinneskanal anpassen, über den der andere primär die Welt wahrnimmt. Wenn Sie im geschäftlichen Kontext überzeugend sein möchten, nutzen Sie also visuelle Metaphern und Powerpoint-Präsentationen für den visuellen Typ. Dem

Auditiv-Digitalen bieten Sie Zahlen, Daten, Fakten sowie Verben aus der Welt der Klänge. Und den Kinästhetiker sprechen Sie mit Schilderungen von Erlebnissen und Aktivitäten an sowie mit der Möglichkeit, etwas konkret in die Hände zu nehmen und so zu »begreifen«.

Vor etwa einem Jahr hielt ich in Frankfurt einen Vortrag mit dem Titel »Menschen sehen und verstehen«. Die Atmosphäre war sehr angenehm, das Publikum lachte viel, machte mit und setzte die Aufgaben, die ich zur Auflockerung einflocht, gerne um. Alles lief super, fand ich.

Am Ende meines Vortrags erkundigte ich mich bei meinen Zuhörern nach offengebliebenen Fragen. Ein kleiner Mann mit quadratischem Gesicht und selbst auf die Entfernung deutlich erkennbaren logisch-vernunftorientierten Merkmalen stand auf und fragte: »Und wozu brauche ich das alles jetzt?« Allgemeines Gelächter – und Ernüchterung bei mir. Ich bat andere Zuhörer, die Frage zu beantworten und schloss die Veranstaltung ab.

Auf der Rückfahrt im Auto zog ich noch einmal kritisch Bilanz. Der Mann hatte recht gehabt: Auf keiner einzigen meiner Folien stand, was man von physiognomischem Wissen eigentlich hat. Als typische Repräsentantin des Konstitutionstyps »Macher« hatte ich völlig vergessen, den logischen, vernunftmäßigen Anteil meiner Materie in meinen Vortrag einzubauen. Inzwischen habe ich zu jedem Vortrag eine Folie dabei, auf der ich die Einsatzgebiete, also den Nutzen des physiognomischen Wissens, dargestellt habe. Die Frage »Was bringt mir das?« habe ich seither nicht mehr zu hören bekommen, wohl aber viele andere Fragen, Geschichten, Reaktionen – lustige, berührende und erstaunliche. Ich bin dankbar für diese Resonanz, nicht zuletzt deshalb, weil ich dadurch erfahre: In Sachen Menschenkenntnis lernt man niemals aus. Und das ist schön.

Wir sind nun fast am Ende unseres gemeinsamen Weges durch dieses Buch angelangt. Im nächsten Kapitel finden Sie noch ein physiognomisches Schnelllese-System, das Ihnen das Erlernen der Merkmale erleichtern soll, ebenso wie eine Liste im Anhang, in der noch einmal alle physiognomischen Merkmale übersichtlich aufgeführt sind. Im Anhang stehen auch die Auflösungen der Übungen.

Ich freue mich, wenn es mir gelungen ist, Ihnen zu zeigen, warum die Kunst des Gesichterlesens uns zu besseren Menschenkennern macht und wie Sie sie praktisch anwenden können. Und natürlich hoffe ich, dass Sie beim Lesen und Üben Spaß gehabt und Lust bekommen haben, damit weiterzumachen.

# KAPITEL 5

## JETZT SIND SIE DRAN:
## DAS SCHNELLLESE-SYSTEM FÜR DEN ALLTAG

Welche der physiognomischen Merkmale finden Sie besonders spannend? Bei welchen hat es Sie gejuckt, gleich im Spiegel nachzusehen, ob Sie sie haben?

Erstellen Sie Ihre persönlichen »Top Twenty«, Ihre ganz spezielle physiognomische Hitliste, die Sie am besten immer bei sich tragen. Sie können sich beispielsweise auf Karteikarten oder in einem Vokabelheft eine Tabelle anlegen. In die erste Spalte schreiben Sie das jeweilige Merkmal, in die zweite dann ihre Bedeutung.

Denn im nächsten Schritt machen Sie sich nun konkret auf die Suche nach diesen Merkmalen bei den Menschen, die Ihnen begegnen. Wenn Sie möchten, können Sie für besonders einprägsame Erlebnisse mit Ihren Mitmenschen in Ihrer Tabelle oder dem Vokabelheft noch eine zusätzliche Spalte einrichten. Hat die energische Bäckersfrau, bei der Sie morgens Ihre Brötchen holen, eine wunderbar ausgeprägte Delegationsfalte? Und werden Ihnen die Grübchen des Taxifahrers, der Sie trotz Innenstadt-Stau pünktlich an Ihr Ziel gebracht und dabei noch wunderbar unterhalten hat, noch lange in Erinnerung bleiben? Dann notieren Sie sich das: Sie haben damit Ihre individuellen »Prototypen« für das jeweilige Merkmal. Eine weitere Hilfe, wenn es darum geht, sie sich einzuprägen.

Noch ein Tipp: Vergeben Sie in Ihrer Hitliste die Plätze 1 bis 7 an die unterschiedlichen Gesichtsformen und die drei Dominanzen in der Einteilung des Gesichts. Wenn Sie diese Basics gleich zu Beginn lernen, tun Sie sich in der Folge leichter.

Und denken Sie an die 72-Stunden-Regel, legen Sie am besten gleich los! Treffen Sie Ihre persönliche Auswahl. Was Ihnen beim Lesen am meisten aufgefallen ist, werden Sie sich auch am besten einprägen können.

Sobald Sie Ihre erste Hitliste flüssig aus dem Gedächtnis abrufen können, ergänzen Sie weitere zehn Merkmale. Und dann noch mal zehn und noch mal zehn … In Ihrem eigenen Tempo, bis Sie ein richtig versierter Gesichtsleser und Menschenkenner sind.

# ANHANG

## Auflösungen zu den Übungen

An dieser Stelle möchte ich nochmals darauf hinweisen, dass zu Übungszwecken das Hauptaugenmerk hier auf bestimmten Gesichtspartien liegt. Wenn Sie im Alltag Gesichter lesen, sollten Sie nie nur einzelne Bereiche analysieren, sondern möglichst viele Merkmale zusammentragen: Nur so kommen Sie zu einem zuverlässigen Ergebnis.

## Übung 1

Im Gesicht der Dame ist der Bereich des Ausführenden am stärksten ausgeprägt, gefolgt vom Bereich des Vernunftmäßig-Logischen und dem Bereich des Gefühlsmäßigen an dritter Stelle. Im täglichen Leben bringt sie sich gerne ein, handelt schnell und stürzt sich aktiv ins Geschehen. Der nach dem Bereich des Ausführenden am zweitstärksten ausgeprägte Bereich des Vernunftmäßig-Rationalen deutet jedoch darauf hin, dass sie dabei nur selten unbedacht handeln wird.

Bei dem Mann auf dem zweiten Bild steht der Bereich des Ausführenden an erster Stelle, das Vernunftmäßige und das Ge-

177

fühlsmäßige folgen gleichauf an zweiter Stelle. Dies deutet darauf hin, dass dieser Mann ein willens- und durchsetzungsstarker Mensch ist, der jedoch auch Harmonie braucht, um sich wohl zu fühlen. Er ist ein Praktiker, der in seinem Handeln gleichermaßen von Vernunft wie Gefühlen bestimmt ist.

## Übung 2

Sie können aus den genannten Kennzeichen auf einen sehr sensiblen, emotionalen, harmoniebedürftigen Menschen schließen, der sich nur schwer abgrenzen kann. Der Umgang mit diesem Menschen sollte sehr wertschätzend sein. Er braucht es, dass man ihm regelmäßig das Gefühl gibt, akzeptiert zu sein. Gibt es Anlass zur Kritik, sollte man sehr behutsam und ganz konkret sachorientiert vorgehen.

## Übung 3

Bei dieser Dreiteilung des Gesichts haben wir es mit einem willensstarken und entscheidungsfreudigen Menschen zu tun, der gern aktiv wird, dabei oft an seine Leistungsgrenze geht und genau weiß, was er will und was nicht. Im täglichen Umgang braucht dieser Mensch das Gefühl, Entscheidungen alleine treffen zu können. Er sollte sich nie unter Druck gesetzt fühlen. Auch hier gilt: Kritik immer auf der sachlichen Ebene vorbringen.

## Übung 4

Die Dame hat ein ovales Gesicht. Der Bereich des Ausführenden ist dominant, gefolgt vom Bereich des Vernunftmäßigen an zweiter Stelle und dem Bereich des Gefühlsmäßigen an dritter Stelle. Ihre Ohren sind groß und rund, dabei jedoch schmal geformt. Die Ohraußenleiste ist leicht ausgeprägt, die Ohrbucht groß, jedoch nicht rund. Das Innenohr ragt über das Außenohr, die Ohrläppchen sind groß und hängend. Die Ohren sind hoch angesetzt und liegen am Kopf an.

Zusammengefasst lässt sich Folgendes über diese Frau sagen: Die Dreiteilung des Gesichts zeigt, dass sie handlungsorientiert ist. Gesichtsform, Form der Ohren und die freihängenden Ohrläppchen zeigen in ihrer Summe ein Bedürfnis nach Harmonie und ein Bezogensein auf andere Menschen an. Dass die Ohren schmal sind und das Innen- über das Außenohr ragt, deutet auf ein ausgeprägtes Selbstbewusstsein und eine extravertierte Wesensart hin. Sie ist willensstark (schmale Ohren), entscheidungsfreudig (hoch angesetzte Ohren), hilfsbereit (ovale Gesichtsform) und kann sich gut anpassen (anliegende Ohren). Dass ihre Ohren groß sind, zeigt ihre Zielstrebigkeit und Kreativität an.

Achten Sie darauf, dass sich allein in Gesichtsform und Ohren jeweils zwei Merkmale für das Harmoniebedürfnis, aber auch das Selbstbewusstsein der Dame finden: ovale Gesichtsform, runde Ohren, die dennoch schmal sind; Innenohr über Außenohr. Denken Sie daran: Je mehr Merkmale im Gesicht eines Menschen in Richtung einer bestimmten Eigenschaft weisen, umso stärker ist diese Eigenschaft bei dem betreffenden Menschen ausgeprägt.

## Übung 5

Die Stirnfalten dieses Mannes sind unterbrochen, was seine Neugierde und sein Bedürfnis nach Abwechslung anzeigt. Darüber hinaus ist eine pädagogische Falte zu erkennen: Er kann gut erklären und andere an die Hand nehmen. Aber auch eine Gemütsfalte ist vorhanden: Er hat leidvolle Erfahrungen hinter sich. Die Lachfalten schließlich zeigen, dass dieser Mann Humor hat und das Positive im Leben sieht.

## Übung 6

Die Neigung der Augen auf dem ersten Bild verläuft schräg nach oben. Je deutlicher die Augen aufwärts ausgerichtet sind, desto idealistischer, optimistischer und risikofreudiger ist der betreffende Mensch. Er stellt sehr hohe Ansprüche an sein Umfeld, was oft für Konfliktstoff sorgt. Seine größte Schwäche ist die Verdrängung.

Auf dem zweiten Bild verläuft die Neigung der Augen nach unten: ein deutliches Indiz für einen Menschen mit einer besonderen Stärke in Sachen Beziehungen. Er ist mitfühlend, kann gut zuhören und hat einen Blick für Lösungen, die anderen Menschen entgehen.

Das dritte Bild zeigt gerade stehende Augen. Diese Menschen sind weder Optimisten noch Pessimisten, sondern pragmatische Realisten. Sie können sich gut auf unterschiedliche situative Bedingungen einstellen.

## Übung 7

Die Dame hat große Augen, sie ist neugierig auf andere, kommunikativ und offen. Der Pupillenstand ist hoch: Sie hat eine schnelle Auffassungsgabe. Der Neigungswinkel der Augen verläuft leicht nach oben: Sie ist ein idealistischer und optimistischer Mensch. Der Abstand Auge – Augenbraue ist im zweiten und dritten Bereich am größten, was ein weiterer Hinweis auf das Kommunikationstalent der jungen Frau ist (zweiter Bereich), aber auch darauf hindeutet, dass sie sorgfältig und genau ist und zum Perfektionismus neigt (dritter Bereich).

## Übung 8

Ein solches Profil ist bei allen Gesichtsformen möglich, egal ob quadratisch, oval, dreieckig oder trapezförmig. Was die Dreiteilung angeht, sollte der Bereich des Ausführenden (Nasensteg bis Kinn) am stärksten ausgeprägt sein und der des Rational-Vernunftmäßigen (Stirn bis Nasenwurzel) am zweitstärksten. Auch die umgekehrte Reihenfolge ist möglich. Die Haut des betreffenden Menschen sollte normal bis dick sein, was die Fähigkeit andeutet, nicht ausnahmslos alles an sich heranzulassen.
Die Ohren können besonders groß oder normal groß sein, schmal oder breit. Wenn sie kantig sind, ist das ein gutes Indiz für Innovationskraft und visionäres Potenzial. Eine ausgeprägte Ohraußenleiste spricht für Disziplin, Souveränität, Zielstrebigkeit, eine große Ohrbucht für Kommunikationstalent. Ragt das Innenohr über das Außenohr, können Sie von einem guten Selbstbewusstsein und Extravertiertheit ausgehen. Etwas abstehende Ohren zeugen von der Fähigkeit zu unkonventionellem

Handeln, ebenso wie hoch angesetzte Ohren, die außerdem noch für Entscheidungsstärke sprechen.

Die Stirn kann gerade, gewölbt oder hoch sein. Durchgezogene Stirnquerfalten zeigen die Fähigkeit an, Pläne konsequent umzusetzen, ebenso wie die Willensfalte. Die Delegationsfalte ist noch wichtig; ebenso aber sollte Ihre ideale Führungskraft über Lachfältchen rund um die Augen verfügen. Gut sichtbare Wangenknochen zeigen die Bereitschaft und Fähigkeit zu führen an, ebenso wie abgewinkelte Augenbrauen. Sitzen sie tief, ist dies ein Hinweis auf Kreativität und Konzentrationsvermögen. Stirnkanten deuten darauf hin, dass abstraktes und praktisches Denken gut miteinander verknüpft sind. Schmal längliche oder große Augen weisen auf ein gutes Beobachtungsvermögen hin.

## Übung 9

Lassen Sie mich Ihnen kurz die vier Personen vorstellen, denen diese Münder gehören: Links oben sehen Sie Solveigh, daneben Memo. Links unten sehen Sie Andi, rechts daneben Rita.

Solveighs Philtrum ist kurz, ihre Oberlippe links voller als rechts, was dafür spricht, dass sie sich im Privatleben von ihrer emotionalen Seite zeigt. Ober- und Unterlippe sind insgesamt gleich stark ausgeprägt, ein Indiz dafür, dass Geben und Nehmen bei Solveigh gleichermaßen zu ihrem Recht kommen. Das Lippenherz ist ausgeprägt, Solveigh verfügt über viel Einfühlungsvermögen. Ihre geraden Mundwinkel zeigen an, dass sie eine Realistin ist.

Memo hat von allen vieren das größte Philtrum, Zeichen seines Dominanzanspruchs. Seine Unterlippe ist voller als die Oberlippe und deutlich nach außen gewölbt: Memo liebt den Genuss und übertreibt es damit womöglich gelegentlich auch mal. Die schmale Oberlippe zeigt, dass er ein Faible für Zahlen, Daten, Fakten hat. Sein Lippenherz, Zeichen für Einfühlungsvermögen, ist angedeutet, seine Mundwinkel zeigen nach oben: Memo ist ein Optimist.

Andi hat einen normal großen Mund; seine Unterlippe ist nur minimal größer als die Oberlippe, die in ihrer Ausprägung ein tiefes Gefühls- und Seelenleben anzeigt. Das ausgeprägte Lippenherz zeigt an, dass Andi sich gut in Menschen und Situationen einfühlen kann.

Rita schließlich hat einen normal großen Mund, was auf gute kommunikative Fähigkeiten hindeutet. Ober- und Unterlippe sind gleichmäßig ausgeprägt: Rita hat ein tiefes Gefühls- und Seelenleben; Geben und Nehmen halten sich in ihrem Leben die Waage. Sie genießt gerne, und ihr ausgeprägtes Lippenherz unterstreicht ihr gutes Einfühlungsvermögen für Menschen und Situationen.

## Übung 10

In der Rechts-rechts- und der Links-links-Montage sind schon die Gesichtsformen ganz unterschiedlich: Links haben wir ein rundes Gesicht und rechts ein Trapez. Die abgebildete Dame ist also im Privatleben ein sehr geselliger, hilfsbereiter Mensch, der Harmonie liebt, und im Job ist sie eher eine Person, die gerne ganz direkt anpackt und praktisch arbeitet. Der schmale Nasenrücken zeigt an, dass sie beruflich mit ihren Kräften haushalten und sich ab und zu eine Auszeit gönnen sollte. Im Privaten ist sie deutlich belastbarer, wie der breitere Nasenrücken in der Links-links-Montage zeigt.

Bei der Rechts-rechts-Montage sieht man eine deutlich gewölb-
tere Stirn. Die Dame verfügt bei der Arbeit also über ein sehr
ausgeprägtes bildliches Denk- und Vorstellungsvermögen, das
privat keine so große Rolle spielt. Bei der Arbeit ist sie sehr sorgfältig und perfektionistisch, das zeigt der größte Abstand Auge – Augenbraue im dritten Bereich, der auf der Links-links-
Montage nicht zu erkennen ist. Dort ist der größte Abstand
Auge-Augenbraue im zweiten Bereich: Im Privaten steht also
die Kommunikation im Vordergrund.


## Übung 11

Susanka hat ein ovales Gesicht, was für ein geselliges, kontakt-
freudiges und hilfsbereites Wesen spricht. In der Dreiteilung
steht bei ihr der Bereich des Ausführenden an erster Stelle, dann
folgt der Bereich des Gefühlsmäßigen und an dritter Stelle der
des Vernunftmäßigen. Ihre Haut ist normal, Susanka kann darüber bestimmen, was sie an sich heranlässt und was nicht.
Normal große Ohren lassen auf eine positive Grundeinstellung,
Zuverlässigkeit und Erfolgsorientiertheit schließen. Die Ohren
sind schmal geformt, wir können davon ausgehen, dass Susanka
willensstark und selbstbewusst ist. Weil es in ihrem Gesicht aber
auch zahlreiche Indizien für eine emotionale Orientierung gibt,
wird sie die Bedürfnisse ihrer Umwelt immer ein Stück weit mit
einbeziehen. Die kleinen Kanten am Ohr sind ein Indiz für Susankas visionäres Potenzial und ihren Hang zum Spleenigen.
Die Ohraußenleiste ist ausgeprägt, Susanka ist zielstrebig, wohlwollend und aufrichtig. Sie hat eine große Ohrbucht, ein Zeichen dafür, dass sie eine Genießerin ist, eigenständig und schwer
beeinflussbar. Die kleinen Ohrläppchen zeigen ihre objektive,

sachliche Art. Das Innenohr ragt über das Außenohr, was ein weiterer Hinweis für Susankas gut ausgeprägtes Selbstbewusstsein und ihre Extravertiertheit ist. Das rechte Ohr steht stärker ab als das linke: Im Beruflichen möchte und muss Susanka sich nicht anpassen; im Privaten will sie gerne dazugehören, ist ruhiger und anpassungsfähiger. Die Ohren sind hoch angesetzt: Susanka ist entscheidungsfreudig.

Gehen wir weiter zur Stirn. Dort fällt zunächst auf, dass der Haaransatz in die Stirn ragt; ein Kennzeichen für Susankas feinfühlige und empathische Art. Die gerade Form der Stirn unterstreicht ihre verständnisvolle, nachsichtige Seite.

Was Falten betrifft, gibt es nur Lachfältchen. Die linke Augenbraue ist etwas höher geschwungen als die rechte: Privat reagiert Susanka sensibler als im Beruflichen. Ihre Führungsqualitäten zeigen sich in den abgewinkelten Augenbrauen. Diese zeigen auch, dass Susanka nicht konfliktscheu ist.

Susankas schmal längliche Augen deuten auf eine gute Beobachtungsgabe hin, sie nimmt alles um sie herum bewusst wahr. Der Augenstand ist hoch: Susanka hat eine schnelle Auffassungsgabe und kann sich daher rasch in neue Themen einarbeiten. Im zweiten und dritten Bereich ist der Abstand Auge – Augenbraue am größten: Susanka ist ein Sprach- und Kommunikationstalent, aber auch sorgfältig bis perfektionistisch. Das linke Auge ist leicht nach oben geneigt, das rechte gerade: Privat ist Susanka eine Optimistin, beruflich eine Realistin.

Die Wangenknochen sind kaum ausgeprägt, was auf einen diplomatischen, behutsamen Umgang mit anderen Menschen schließen lässt.

Und die Nase? Susankas Nasenrücken ist gerade, sie will rasch Ergebnisse sehen und ist nur schwer aufzuhalten, wenn es darum geht, etwas praktisch umzusetzen (denken Sie in diesem Zusammenhang auch an die Dominanz des Ausführenden bei der

Dreiteilung). Der Nasenrücken ist weder besonders breit noch besonders schmal: Susanka ist normal belastbar. Die Nasenspitze zeigt leicht nach unten; ein Indiz für Susankas Wunsch, im Leben etwas zu erreichen und zu hinterlassen. Die Nasenkanten zeigen ihren Willen zur Optimierung.

Der Übergang Nase – Mund ist nicht besonders ausgeprägt, die Oberlippenkontur verläuft leicht nach außen. Beides verstärkt andere Merkmale, die bereits auf Susankas wohlwollendes, rücksichtsvolles Wesen hindeuten.

Die nach oben gerichteten Mundwinkel unterstreichen Susankas positive Lebenseinstellung. Die Lippen sind voll, wobei die Unterlippe etwas stärker ausgeprägt ist als die Oberlippe: Susanka ist sinnlich, gefühlvoll und versteht zu genießen.

Ein volles, rundes Kinn deutet erneut auf Susankas Geselligkeit hin. Sie ist unbeschwert und freut sich gern an den Annehmlichkeiten des Lebens. Das Kinn ist leicht zurückgezogen; ein weiteres Indiz für Susankas Gemeinschaftsgeist.

Der schmale Hals zeigt Susankas verletzliche und einfühlsame Seite. Blonde, links gescheitelte Haare sprechen für Höflichkeit, Korrektheit, Warmherzigkeit sowie eine sachlich-überlegte Art.

Hans hat in seiner rechten Gesichtshälfte eine ovale Gesichtsform, was für eine gesellige, hilfsbereite und harmoniebedürftige Art im Beruflichen steht. Links, also im Privaten, ist er kantiger: willensstark, tatkräftig, durchsetzungsfähig. Die Dreiteilung des Gesichts zeigt eine Dominanz im ausführenden Bereich, mit dem Vernunftmäßigen an zweiter Stelle und dem Gefühlsmäßigen an dritter.

Hans' Haut ist tendenziell dick, er liebt starke Eindrücke und kann Dinge gut von sich abprallen lassen.

Seine Ohren sind eher klein, was Hans als toleranten, strebsamen, musisch veranlagten Menschen zeigt. Die schmale Form

der Ohren ist Indiz für sein Selbstbewusstsein, seine Willensstärke und eine gewisse Ichbezogenheit. Wie Susanka hat auch
Hans kantige Ohren, somit ein visionäres Potenzial und einen
Hang zum Spleenigen. Die ausgeprägte Ohraußenleiste zeigt
seine disziplinierte, zielstrebige Art. Die Ohrbucht ist bei Hans
ebenfalls groß, auch er ist ein eigenständiger, schwer beeinfluss-
barer Genießer. Das Ohrläppchen wiederum ist klein: Hans ist
sachlich, rational und objektiv. Weil das Innenohr stark über das
Außenohr ragt, können wir davon ausgehen, dass Hans sehr
selbstbewusst und sehr extravertiert ist. Und obendrein unange-
passt und unkonventionell, denn beide Ohren stehen leicht ab.
Das rechte Ohr sitzt ein kleines bisschen höher am Kopf als das
linke: Im Job kann Hans schnell Entscheidungen treffen, privat
tut er sich damit etwas schwerer.

Der hohe Haaransatz unterstreicht Hans' klares, durchdachtes
Vorgehen. Die gewölbte Stirn zeigt seine gute Beobachtungsgabe und sein ausgeprägtes bildliches Vorstellungsvermögen.
Unterbrochene Stirnquerfalten weisen Hans als begeisterungs-
fähigen Menschen aus, der stets auf der Suche nach Abwechslung und neuen Herausforderungen ist.

Sowohl die pädagogische Falte wie auch die Gemütsfalte sind
bei Hans vorhanden. Er kann andere gut anleiten und verständlich erklären, und in seinem Leben hat es Ereignisse gegeben,
die ihn erschüttert haben. Die Lachfalten zeigen Hans' optimis-
tische, weltoffene Art.

Leichte Augenbrauenpolster sprechen dafür, dass er manuell ge-
schickt und feinmotorisch begabt ist. Die kurzen, tiefsitzenden
Augenbrauen stehen für Durchsetzungsstärke, Selbstvertrauen,
Kreativität und Spontaneität.

Hans' schmal-längliche Augen zeigen ihn als guten Beobachter
mit einer bewussten Wahrnehmung. Die Augen sind leicht nach
oben geneigt: Er ist optimistisch und risikofreudig. Dass er sich

auf seine rasche Auffassungsgabe verlassen kann, zeigt der leicht erhöhte Augenstand. Hans' Kommunikationstalent und Sorgfalt sind daran zu erkennen, dass der Abstand Auge – Augenbraue im zweiten und dritten Bereich am größten ist.

Kaum sichtbare Wangenknochen, eigentlich Indiz für Diplomatie und einen Hang zum Bewährten, werden in Hans' Gesicht »überstimmt« durch andere Kennzeichen, die für Mut und Risikofreude sprechen: die dicke Haut, die kantigen Ohren und die nach oben geneigten Augen.

Hans' Nasenrücken ist gerade, er ist schnell und neigt zur Ungeduld. Unterstrichen wird dies noch durch die Dominanz des Ausführenden in der Dreiteilung seines Gesichts.

Der breite Nasenrücken zeigt uns, dass Hans belastbar ist. Auch seine eher kleine Nase ist ein Hinweis darauf, dass er gerne und viel arbeitet und dabei durchaus an seine psychischen und physischen Grenzen geht.

Der Übergang von der Nase zur Oberlippe ist bei Hans sehr ausgeprägt: Macht zu haben ist ihm wichtig. Seine Oberlippe ist etwas schmaler als die Unterlippe, er mag also Zahlen, Daten, Fakten, besitzt aber durchaus auch die Fähigkeit zum Genießen. Für Letzteres spricht auch das volle, runde Kinn, das etwas vorsteht und damit seine Willensstärke unterstreicht. Eine leichte Kinnquerfalte deutet darauf hin, dass er unumwunden sagt, was er denkt.

Sein kurzes, ungescheiteltes Haar zeigt Hans als schwungvollen, unkomplizierten Menschen, der dabei aber auch sachlich und rational ist.

Hans' breiter Hals weist darüber hinaus darauf hin, dass er permanent Beschäftigung benötigt, spontan und entschlusskräftig ist.

# Auf einen Blick:
# Liste der physiognomischen Merkmale

| Die Merkmale ... | ... und ihre Bedeutung |
| --- | --- |
| quadratisches/rechteckiges Gesicht | willensstark, durchsetzungsfähig, tatkräftig, entscheidungsfreudig |
| rundes/ovales Gesicht | gesellig, umgänglich, hilfsbereit, harmoniebedürftig, kontaktfreudig |
| dreieckiges Gesicht | starke Intuition, diplomatisch |
| trapezförmiges Gesicht | tatkräftig, manuell geschickt, erfolgsorientiert |
| dominanter Bereich Vernunft/Logik: von den Stirnkanten bis zur Nasenwurzel | Zahlen, Daten, Fakten sind wichtig. Real ist nur, was wissenschaftlich belegt ist. Motto: »Was bringt mir das?« Auditiver Sinneskanal dominant. |
| dominanter Bereich Gefühl/Seele: von der Nasenwurzel bis zum Nasensteg | Soziale Kontakte und stabiles, enges soziales Umfeld sind wichtig. Motto: »Wie kann ich helfen?« Kinästhetisch-visueller Sinneskanal dominant. |
| dominanter Bereich Ausführung/Verwirklichung: vom Nasensteg bis zur Kinnspitze | Bringt sich aktiv ins Geschehen ein. Motto: »Was kann ich noch erreichen?« Kinästhetisch-visueller Sinneskanal dominant. |

| Die Merkmale ... | ... und ihre Bedeutung |
| --- | --- |
| dünne Haut | sensibel, kann sich schwer abgrenzen |
| normale Haut | kann bestimmen, was er an sich heranlässt und was nicht |
| dicke Haut | liebt starke Eindrücke, kann viel an sich abprallen lassen |
| Couperose | aufgestaute Frustration, musste viel »schlucken«, innerer Druck |
| große Ohren | guter Zuhörer, kreativ, mutig, zielstrebig, ausdauernd |
| normal große Ohren | positive Lebenseinstellung, zuverlässig, gründlich, weitblickend, herzlich, erfolgsorientiert |
| kleine Ohren | musisch veranlagt, feinfühlig, strebsam, intelligent, taktvoll, tolerant |
| schmale Ohren | selbstbewusst, willensstark, ichbezogen |
| breite Ohren | belastbar, gute Konfliktschlichter |
| runde Ohren | harmoniebedürftig, hohe Ideale, intensive Ausstrahlung, wirkt auf andere begeisternd |
| kantige Ohren | visionäres Potenzial, anderen oft einen Schritt voraus, Hang zum Spleenigen |
| ausgeprägte Ohraußenleiste | diszipliniert, souverän, zielstrebig, wohlwollend, aufrichtig |

| Die Merkmale ... | ... und ihre Bedeutung |
| --- | --- |
| schwache Ohr-Außenleiste | introvertiert, sensibel, oft musisch/künstlerisch begabt |
| kleine Ohrbucht | zielgerichtet, klar, produktiv, weitblickend, nüchtern |
| große Ohrbucht | vital, genussfähig, eigenständig, schwer beeinflussbar |
| Rundung der Ohrbucht | zeigt an, wie ausgeprägt musische Begabung ist |
| große Ohrläppchen | Träumer, Idealist, Visionär, gute körperliche Konstitution |
| kleine Ohrläppchen | objektiv, sachlich, unvoreingenommen, rational |
| leicht angewachsene Ohrläppchen | rational, nüchtern, emotional sparsam |
| stark angewachsene Ohrläppchen | rücksichtslos, manipulativ |
| Innenohr über Außenohr | gutes Selbstbewusstsein, extravertiert |
| anliegende Ohren | möchte dazugehören, anpassungsfähig, ruhig, besonnen |
| abstehende Ohren | unkonventionell, möchte sich nicht anpassen |
| Höhe der Ohren | je höher, desto entscheidungsfreudiger |
| Mickymaus-Haaransatz | großes kreatives Potenzial |
| tiefer Haaransatz | feinfühlig, empathisch, romantisch |

| Die Merkmale ... | ... und ihre Bedeutung |
|---|---|
| hoher Haaransatz/Glatze | klar, durchdacht, rational |
| gerade Stirn | nachsichtig, verständnisvoll, warmherzig, empathisch |
| gewölbte Stirn | gute Beobachtungsgabe, gutes bildliches Vorstellungsvermögen |
| hohe Stirn | rational, sachlich |
| durchgezogene Stirnquerfalten | gutes Durchhaltevermögen, bringt seine Dinge zu Ende |
| unterbrochene Stirnquerfalten | begeisterungsfähig, sucht immer neue Herausforderungen, fängt Dinge an und beendet sie nicht, schnell gelangweilt |
| Schachbrettfalten auf der Stirn | angestaute Wut, Frustration. Rechtsseitig: beruflich frustriert; linksseitig: privat frustriert |
| senkrechte Beharrlichkeitsfalte | gutes Durchhaltevermögen, wird Anforderungen gerecht, neigt zum Idealismus |
| pädagogische Falte (rechts von der Nasenwurzel) | Führungsqualitäten, kann gut erklären |
| Gemütsfalte (links von der Nasenwurzel) | war schwerwiegenden Ereignissen ausgesetzt. Falte unterbrochen: Ereignis noch nicht verarbeitet |
| Delegationsfalte | entscheidungs- und führungsstark, kann befehlen |
| ausgeprägte Stirnkanten | abstraktes und praktisches Denken gut verknüpft |

| Die Merkmale ... | ... und ihre Bedeutung |
|---|---|
| Augenbrauenpolster | manuell geschickt |
| Lachfalten | optimistisch, weltoffen |
| gespannte Augenfalten | vorsichtig bis misstrauisch, neigt zum Pessimismus |
| zusammengewachsene Augenbrauen | neigt zum Jähzorn |
| spärliche Augenbrauen | leidenschaftslos |
| geschwungene Augenbrauen | heiter, zufrieden mit sich und der Welt, sensibel |
| waagerechte Augenbrauen | nachdenklich, wägt Entscheidungen sorgsam ab |
| kurze Augenbrauen | durchsetzungs- und entscheidungsstark, gutes Selbstvertrauen |
| abgewinkelte Augenbrauen | Führungsqualitäten, sachlich, nicht konfliktscheu |
| tiefsitzende Augenbrauen | kreativ, gutes Konzentrationsvermögen, spontan |
| hochsitzende Augenbrauen | sensibel, nimmt Dinge persönlich |
| große Augen | ausgeprägtes Wahrnehmungsvermögen, sprachbegabt |
| schmal-längliche Augen | guter Beobachter, bewusste Wahrnehmung, sensibel |
| kleine Augen | gründlich, akribisch, in Entscheidungen vorsichtig |
| blaue Augen | treu, großzügig, aufgeschlossen, sanft, verträumt |

| Die Merkmale ... | ... und ihre Bedeutung |
| --- | --- |
| graue Augen | vorsichtig, distanziert |
| grüne Augen | begeisterungsfähig, sinnlich, leidenschaftlich, wankelmütig |
| hellbraune Augen | intensives Gefühlsleben, gesellig, lebensfroh, manchmal unbeherrscht |
| dunkelbraune bis schwarze Augen | unberechenbar, unergründlich, beharrlich |
| Neigungswinkel der Augen nach oben | idealistisch, optimistisch, risikofreudig |
| gerade Augen | Realist, kann sich gut auf unterschiedliche Situationen einstellen |
| Neigungswinkel der Augen nach unten | »Beziehungsexperte«, guter Zuhörer, entdeckt Lösungen, die andere nicht sehen, neigt zum Pessimismus |
| enger Augenabstand | gutes Konzentrationsvermögen, kritisch |
| weiter Augenabstand | weitsichtig, visionäres Potenzial, innere Ruhe, bedacht, Hang zur Romantik |
| Augen tief in der Augenhöhle | wenig engagiert und interessiert, evtl. grundlegendes Misstrauen |
| vorstehende Augen | neugierig, engagiert, steht gerne im Vordergrund |

| Die Merkmale ... | ... und ihre Bedeutung |
| --- | --- |
| hoher Augenstand | schnelle Auffassungsgabe, wach, flexibel |
| normaler Augenstand | gute Auffassungsgabe |
| tiefer Augenstand | langsame Auffassungsgabe, braucht detaillierte Erklärung |
| Abstand Auge – Augenbraue erster Bereich (innen) | analytisch-systematisch, mag Checklisten |
| Abstand Auge – Augenbraue zweiter Bereich (Mitte) | Kommunikationstalent, sprach-begabt, geht offen auf andere zu |
| Abstand Auge – Augenbraue dritter Bereich (außen) | sorgfältig, akribisch bis hin zum Perfektionismus |
| feine Wimpern | sensibel, verletzlich, setzt sich unter Erfolgsdruck |
| viele, stabile Wimpern | robust, aber auch feinfühlig |
| ausgeprägte Wangenknochen | Führungsqualitäten, steht gern im Rampenlicht, aufgeschlossen für Neues, resolut-selbst-bewusster Stil |
| kaum sichtbare Wangenknochen | behutsam, einfühlsam, diplo-matisch, liebt Bewährtes, neigt evtl. zur Unsicherheit |
| Einbuchtungen unter den Wan-genknochen (»Kuschelkuhlen«) | benötigt Körperkontakt und Zärtlichkeit |
| gerader Nasenrücken | ungeduldig, will schnell Ergebnisse sehen, schwer aufzuhalten |

| Die Merkmale ... | ... und ihre Bedeutung |
|---|---|
| Beuge im Nasenrücken | nimmt sich Zeit für Entscheidungen, kann seine Denkrichtung ändern |
| Nasenhöcker | genau, akribisch, langsam, benötigt klare Aussagen |
| schmaler Nasenrücken | wenig belastbar, muss mit seinen Kräften haushalten |
| breiter Nasenrücken | belastbar. Nach unten hin breiter werdend: läuft unter Druck zur Höchstform auf |
| kleine Nase | Workaholic, routiniert, geht an seine psychischen und physischen Grenzen |
| lange Nase | selbständig, vertraut am liebsten auf sich selbst, gründlich, umsichtig, analytisch-systematisch |
| Stupsnase | gesunder Menschenverstand, schwer täuschbar |
| platte Nase | kann Meinungen anderer schwer akzeptieren, körperlich begabt |
| Nasenspitze nach unten | will etwas erreichen/hinterlassen, visionäres Potenzial |
| Nasenspitze nach oben | neigt zur Oberflächlichkeit, zu einem gewissen Grad verschlossen |
| Nasenkanten | Willen zur Optimierung |

| Die Merkmale ... | ... und ihre Bedeutung |
| --- | --- |
| ausgeprägtes Philtrum (Lippensteg) | sexy, attraktiv für andere |
| Amorbogen/Lippenherz | ausgeprägtes Einfühlungsvermögen |
| Amorbogen nicht vorhanden | introvertiert, wenig offen für andere |
| Übergang Nase – Oberlippe | je größer, desto höher ist der Macht- und Dominanzanspruch |
| Oberlippenkontur nach außen geschwungen | wohlwollend, rücksichtsvoll |
| Oberlippenkontur gerade oder nach innen geschwungen | eher ichbezogen |
| großer Mund | extravertiert, kommunikationsbegabt |
| Mundwinkel nach unten gezogen | Frustration, Trauer, Pessimismus |
| Mundwinkel nach oben gezogen | Freude, Optimismus |
| fleischige Oberlippe | tiefes Gefühls- und Seelenleben, sinnlich |
| kaum vorhandene Oberlippe | rational, orientiert an Zahlen, Daten, Fakten, wenig sinnlich, evtl. unnachgiebig |
| stark ausgeprägte Unterlippe | liebt Genuss in allen Varianten |
| wenig ausgeprägte Unterlippe | wenig genussfähig; evtl. unnachgiebig |
| Unterlippe stark vorgewölbt | Nimmersatt, Suchttendenz |
| volles, rundes Kinn | unbeschwert, gesellig, liebt Annehmlichkeiten |

| Die Merkmale ... | ... und ihre Bedeutung |
| --- | --- |
| spitzes Kinn | sehr intelligent, emotional sparsam |
| vorstehendes Kinn | Kampfgeist, selbstbewusst, evtl. aggressiv |
| zurückgezogenes Kinn | Gemeinschaftsgeist, versöhnlich, kompromissbereit |
| gerades Kinn | Idealist, für eine gute Sache engagiert |
| Kinnquerfalte (»Motzfalte«) | sagt unumwunden und unreflektiert, was er denkt, ehrlich, kommunikativ |
| Kinngrübchen | sensibel, verletzlich |
| Kinnspalte | tut sich schwer mit Entscheidungen, gerät leicht in Konflikt mit sich selbst |
| langer Hals | schüchtern, zurückhaltend |
| dünner Hals | sensibel, verletzlich, einfühlsam |
| kurzer Hals | körperlich stark, handlungsorientiert, wenig überlegt |
| breiter Hals | braucht ständig Aktivität, große Entschlusskraft |
| viele Haare | robust, Gespür für andere |
| feine Haare | sensibel, verletzlich |
| kurze, glatte Haare | rational, sachlich, unnahbar, ordnungsliebend |
| kurze, lockige Haare | »Gefühlsdenker«: intuitiv und logisch gleichermaßen begabt |

| Die Merkmale ... | ... und ihre Bedeutung |
| --- | --- |
| lange, glatte Haare | warmherzig, sachlich, überlegt |
| lange, lockige Haare | intensives Gefühls- und Seelenleben |
| schwarze Haare | leidenschaftlich, sinnlich, offen, begeisterungsfähig |
| braune Haare | humorvoll, schwungvoll, impulsiv |
| blonde Haare | empfindsam, träumerisch |
| rote Haare | leidenschaftlich, ironisch, evtl. nachtragend |
| Scheitel rechts | zurückhaltend, will nicht auffallen |
| Scheitel links | korrekt, höflich, glaubwürdig |
| Mittelscheitel | eigenständig, gefühlsgeleitet |
| kein Scheitel | unkonventionell, unkompliziert |
| Dreitagebart | will rebellisch, aber nicht unkonventionell sein, will erotisch wirken |
| schmaler Schnurrbart, Oberlippe frei | »Mann von Welt«, charismatisch, tiefe Gefühle, evtl. Selbstdarsteller |
| starker Schnurrbart | möchte sein wahres Ich verstecken |
| Vollbart | Männlichkeitssymbol, kann Unsicherheit kaschieren |
| starker Vollbart | Individualist, ungezügelt, Grenzgänger, naturverbunden |

| Die Merkmale ... | ... und ihre Bedeutung |
| --- | --- |
| rechte Gesichtshälfte | steht für das berufliche Leben, meist größer |
| linke Gesichtshälfte | steht für das Privatleben, meist schmaler |
| versteckte Grübchen (beim Lachen sichtbar) | heitert gern andere auf, gesellig, löst schwierige Situationen gern auf |
| dauerhafte Grübchen | ausgeprägte Freude an der Freude, Spaßmacher, Comedy-Talent |
| vertikale Grübchen (Akkordeonfalten) | charmant, umgänglich, liebenswürdig |
| Eros-Grübchen (oberhalb des Gesäßes) | viel Sinn für Erotik |
| Konstitutionstypus »Macher« | athletisch, muskulös, groß, breite Schultern, schlanke, lange Finger, kantiges Gesicht, große Nase mit breitem Nasenrücken, starkes Kinn, ausgeprägtes Innenohr, ausgeprägte Wangenknochen, viele Haare, hoher Augenstand, schmal-längliche, eng stehende Augen, dominante Unterlippe |
| Konstitutionstypus »Emotionaler« | schmal, feingliedrig, kaum sichtbare Muskeln, dünne Haut, feine Haare, oft gewellt, runde, |

| Die Merkmale ... | ... und ihre Bedeutung |
| --- | --- |
| | dreieckige oder ovale Gesichtsform, große Augen, Wangen- und Kinngrübchen, voller Mund mit fleischiger Oberlippe, feines, weiches Kinn, zurückgezogen oder gerade |
| Konstitutionstypus »Rationaler« | stämmig bis korpulent, ausgeprägter Rumpf, wenig Muskeln, schmale Schultern, mittelgroß, Hals, Arme, Beine eher kurz, quadratische Kopfform, ausgeprägte Stirn, schmale Augen, volles, kantiges Kinn, nach vorne geschoben |
| Konstitutionstypus »Pionier« | disharmonische Proportionen, auffallend asymmetrisches Gesicht, spitze, kantige, scharfe oder breite Gesichtszüge, dreieckiges oder quadratisches Gesicht, schmal-längliche Augen, Mickymaus-Haaransatz, Delegationsfalte, pädagogische Falte, Beharrlichkeitsfalte, kantige Ohren, oft abstehend, dicke Haut, hoher Augenstand, ausgeprägte Wangenknochen, spitzes Kinn |

# Dank

Mein herzlicher Dank gilt all jenen, die mich zum Schreiben dieses Buches ermutigt und mich dabei unterstützt haben, in erster Linie Brita Dahlberg: Liebe Brita, ohne dich wäre ich nie auf den Gedanken gekommen, das, was ich über das Gesichterlesen weiß, zu veröffentlichen.

Jörg Schminke und Dr. Claudia Becker haben mich täglich nach meinen Schreib-Fortschritten gefragt und das Manuskript gegengelesen.

Jasmin Dué hat mir wunderbare Tipps dazu gegeben, wie man mit Make-up und Styling seine schönsten Seiten betont. Meine Fotomodelle stellten mir ihre Gesichter bereitwillig zur Verfügung, und wir hatten einen tollen Shooting-Tag miteinander, was nicht zuletzt dem Fotografen Dennis Savini zu verdanken ist, der mit uns Laien-Models wunderbar professionell gearbeitet hat.

Herzlichen Dank an Susanka und Hans, die Moderatoren der BIG FM Morning Show, die sich bereit erklärt haben, sich für eine gesamte Analyse zur Verfügung zu stellen.

Iris Hechenberger vom Droemer Knaur Verlag und Judith Mark danke ich dafür, dass sie mein Erstlingswerk als Lektorinnen betreut und mich engagiert unterstützt haben. Ich freue mich darüber, dass es bei einem so bekannten und renommierten Verlag erscheint.

Ganz besonders möchte ich Ihnen, liebe Leserinnen und Leser, dafür danken, dass Sie mir bis hierher gefolgt sind und mir Ihr Vertrauen geschenkt haben.

Sollten Sie beim Lesen Lust auf mehr bekommen haben, können Sie Ihr Wissen in meinem Tages-Workshop »Ich weiß, wer du bist« noch weiter vertiefen. Darüber hinaus biete ich in Deutschland, Österreich und der Schweiz auch eine Ausbildung zum Menschenkenner an. Weitere Details dazu finden Sie auf meiner Homepage: www.tatjanastrobel.com. Und: ob in einem meiner Seminare oder in einem weiteren Buch (das Thema Körpersprache ist als nächstes geplant): Ich freue mich auf Sie!

# Literatur

Ekman, Paul: Gefühle lesen. Wie Sie Emotionen erkennen und richtig interpretieren, Heidelberg (Spektrum akademischer Verlag), 2. Auflage 2010.

Franckh, Pierre: Das Gesetz der Resonanz, Burgrain (Koha Verlag) 2008.

Franckh, Pierre: Glücksregeln für die Liebe, Burgrain (Koha Verlag) 2010.

Geo Magazin 7/2010: Paar-Forschung.

Havener, Thorsten: Denken Sie nicht an einen blauen Elefanten. Die Macht der Gedanken, Reinbek (Rowohlt), 8. Auflage 2010.

Havener, Thorsten: Ich weiß, was du denkst. Das Geheimnis, Gedanken zu lesen, Reinbek (Rowohlt), 11. Auflage 2009.

Kast, Bas: Wie der Bauch dem Kopf beim Denken hilft. Die Kraft der Intuition, Frankfurt a. M. (S. Fischer) 2007.

Matschnig, Monika: Körpersprache. Verräterische Gesten und wirkungsvolle Signale, München (Gräfe und Unzer) 2007.

Mohr, Bärbel: Zweisam statt einsam. Den richtigen Partner finden und in Beziehungen glücklich bleiben. Burgrain (Koha Verlag) 2009.

Molcho, Samy: Körpersprache, München (Goldmann) 1996.

NZZ Folio 4/2008: Die Macht des Unbewussten.

Wirth, Bernhard P.: Alles über Menschenkenntnis, Charakterkunde und Körpersprache. Von der Kunst, mit Menschen richtig umzugehen, München (Redline), 6. Auflage 2007.

Wunderlich, Jürgen: Intuition – die unbewusste Intelligenz. I3-Power oder wenn der Bauch beim Denken hilft, Göttingen (BusinessVillage) 2008.

Zurhorst, Eva-Maria: Liebe dich selbst, und es ist egal, wen du heiratest, München (Arkana), 28. Auflage 2004.

Bernhard Moestl

# Die Kunst, einen Drachen zu reiten

Erfolg ist das Ergebnis deines Denkens

*Wie wir die Weisheiten aus dem alten China
für unser Leben nutzen können*

Bestsellerautor Bernhard Moestl zeigt, wie zentral die Macht
der Gedanken für unser Dasein ist. Denn jeder Mensch lebt in
der Wirklichkeit, die er sich durch sein Denken selbst erschaffen
hat. Und nur durch die eigene Gedankenkraft kann diese Realität auch wieder verändert werden – im Positiven wie im Negativen. Der unbezwingbare Drache aus dem alten China steht
dabei als Sinnbild für das Denken.
Lernen Sie mit Hilfe von zwölf Strategien die Welt des Drachen
kennen, erfahren Sie, welche fremden Einflüsse ihn lähmen
oder beflügeln, und nutzen Sie seine Macht für Ihre Zwecke.
Lernen Sie, den Drachen zu zähmen und schließlich zu reiten.
Denn wenn Ihnen das gelingt, sind Sie unangreifbar, weil der
Drache dann seine Kraft für Sie einsetzt und Sie Ihr Leben selbst
bestimmen können.

Knaur Taschenbuch Verlag